本书受国家社会科学基金项目（17CJY006）、山东省自然科学基金项目（ZR2020MG037）、山东省高等学校人文社会科学计划项目（J17RZ005）以及山东理工大学人文社会科学学术著作出版资助项目的资助

刘廷华 著

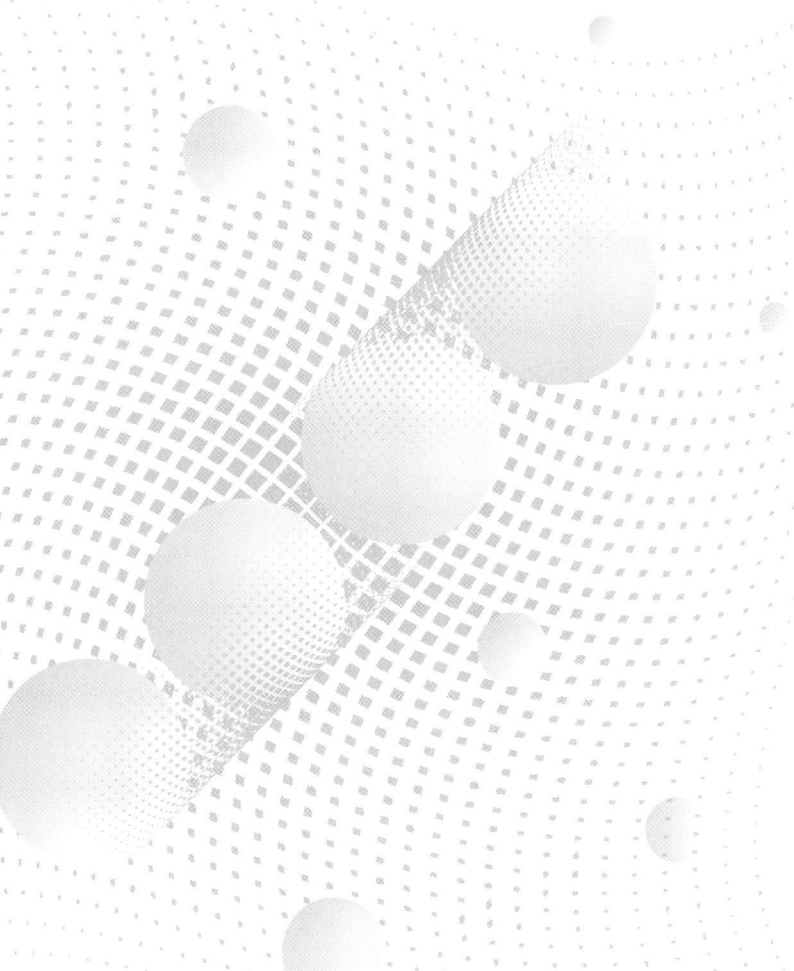

商业信用对企业技术创新的影响研究

中国社会科学出版社

图书在版编目（CIP）数据

商业信用对企业技术创新的影响研究/刘廷华著.
—北京：中国社会科学出版社，2021.9
ISBN 978 - 7 - 5203 - 9068 - 2

Ⅰ.①商… Ⅱ.①刘… Ⅲ.①商业信用—影响—企业创新—研究—中国 Ⅳ.①F279.23②F832.42

中国版本图书馆 CIP 数据核字（2021）第 180865 号

出 版 人	赵剑英
责任编辑	车文娇
责任校对	周晓东
责任印制	王 超

出　　版	中国社会科学出版社
社　　址	北京鼓楼西大街甲 158 号
邮　　编	100720
网　　址	http：//www.csspw.cn
发 行 部	010 - 84083685
门 市 部	010 - 84029450
经　　销	新华书店及其他书店
印　　刷	北京明恒达印务有限公司
装　　订	廊坊市广阳区广增装订厂
版　　次	2021 年 9 月第 1 版
印　　次	2021 年 9 月第 1 次印刷
开　　本	710×1000　1/16
印　　张	12.5
插　　页	2
字　　数	191 千字
定　　价	68.00 元

凡购买中国社会科学出版社图书，如有质量问题请与本社营销中心联系调换
电话：010 - 84083683
版权所有　侵权必究

前　言

新时代背景下，追求高质量发展已成为我国经济发展的趋势，技术创新作为高质量发展的重要引擎，是我国重要的发展战略。企业的技术创新是实现创新发展战略的重要途径，而企业开展创新活动离不开金融资源的支持，金融支持除了来源于正规金融，非正规金融也扮演着不可或缺的角色，非正规金融作为替代和补充，对企业技术创新的影响更为深远。所以，商业信用作为非正规金融的一种重要形式，对企业的创新活动有重要的影响。探索商业信用对企业技术创新的影响，可以为非正规金融影响经济增长的作用机理研究提供理论和实证依据。

本书基于供需双重视角，从提供商业信用和获得商业信用两个角度分别对技术创新的影响机制进行理论分析；使用翔实的企业样本数据和科学合理的计量方法，实证分析商业信用对企业技术创新决策、技术创新数量、创新质量以及创新效率的影响，并对其影响机制进行计量检验；在此基础上，进一步拓展分析内外部环境影响下，商业信用影响技术创新的结构性差异；最后分析当前中国金融制度背景下如何充分发挥商业信用的作用，为企业技术创新发展以及宏观政策制定提供一定的理论基础和实证依据。

本书的主要内容和主要结论如下。

第一章是导论，首先介绍本书的研究背景，并从商业信用的获得和提供两个方面分别对企业的经济效应进行文献综述，进而引出本书的研究意义。之后通过绘制技术路线图将具体的研究思路以及章节之间的逻辑关系呈现出来。然后，简要概述本书的主要内容、研究方法以及创新之处。

第二章是本书的理论分析。借助于文献梳理和逻辑推演，归纳分析商业信用的获得和提供分别对技术创新的可能影响机制，得出：获得商业信用可能通过融资效应和负债治理效应影响技术创新，其中，融资效应包括直接融资效应和间接融资效应，负债治理效应包括代理成本效应和资本配置效应；提供商业信用可能产生的效应包括市场竞争效应、信号效应、质量保障效应和强制性效应。结合不同效应的影响，本章提出商业信用的获得和提供分别影响技术创新的研究假设，为第三章和第四章做理论铺垫。

第三章是商业信用对技术创新的整体影响分析。本章研究了商业信用对不同类型企业技术创新的影响。在样本选择上考虑到上市企业不仅能够通过信用融资还能够通过上市融资，而且公司治理等比普通企业更加完善，商业信用对技术创新的影响可能与对普通企业的影响存在差异，所以本书同时运用了工业企业数据库和上市企业数据库做对比讨论，贯穿于全书的实证检验。分析商业信用对技术创新数量的影响可以发现，提供商业信用和获得商业信用均能够促进企业技术创新产出的增加；分析商业信用对创新质量的影响可以发现，获得商业信用主要促进了低技术含量的创新，而提供商业信用主要促进了高技术含量的创新。创新决策分析中，本章进一步验证了商业信用的提供和获得均促进了技术创新的研究假设。不论是对普通工业企业还是上市企业，研究假设均得到验证。

第四章是商业信用影响技术创新的机制检验。这是对第二章理论分析中提到的商业信用影响技术创新的机制进行检验，同时也是对第三章实证结果进行原因剖析。研究发现，对于普通企业而言，获得商业信用通过缓解融资约束（间接融资效应）促进企业技术创新，表现出对低技术含量水平创新的显著促进作用；提供商业信用能显著促进高质量技术创新，通过强制性效应分析可以发现，提供商业信用促进高质量创新的来源主要体现在规模较大企业能利用提供商业信用促进专利产出。上市企业则通过获得商业信用的直接融资效应、资本配置效应促进技术创新；提供商业信用能够通过市场竞争效应促进企业的技术创新，且基于强制性效应分析同样可以发现，规模较大企业能利用提供商业信用促进发明专利产出，即促进企业的高质量创新。

第五章是商业信用影响技术创新的结构性分析。分析结构性影响差异可以发现：（1）在货币政策紧缩时期，企业使用商业信用（提供与获得两方面）对技术创新的促进作用更加明显。（2）在金融发展水平较高、政府干预程度较低、法治水平和知识产权保护水平较高、社会资本水平较高的地区，企业获得商业信用更有利于企业的技术创新。（3）在低技术行业、低竞争度行业中，商业信用对技术创新的促进作用更为明显。（4）从企业所有权性质差异分析可以发现，商业信用能显著促进国有企业和民营企业创新的增加。工业企业数据中，国有企业提供商业信用对技术创新的促进作用更大，民营企业获得商业信用对技术创新的促进作用更显著，而上市企业数据中不管是提供还是获得商业信用都对国有企业的促进作用更强。从企业市场地位差异分析可以发现，商业信用对高市场地位企业技术创新的促进作用强于对低市场地位企业创新的促进作用。此外，本章发现在外部环境较差的地区，比如金融发展水平较低、政府干预程度较高、法治水平和知识产权保护水平较低、社会资本水平较低的地区，提供商业信用能够显著促进技术创新，佐证了商业信用是正规金融重要补充的观点，这一结论为非正规金融促进经济增长的作用机理提供了一定的实证依据。

第六章是对策建议。综合第四章和第五章的研究结果，本书认为：一方面，商业信用在企业技术创新过程中发挥了积极的促进作用。上市企业能有效利用商业信用进行技术创新的直接资金供给，同时可以实现资本的更合理配置，提供商业信用通过发挥市场竞争效应进而促进技术创新。普通工业企业可以通过获得商业信用，缓解企业面临的融资约束，借助于商业信用的间接融资作用促进技术创新。另一方面，不管是普通企业还是上市企业，商业信用都存在强制性效应。此外，商业信用的积极作用发挥需要内外在条件的支持等。对此，本章针对这些问题提出具体的对策建议。

首先，理论分析发现，对于大多数的非上市企业，商业信用对技术创新的影响只发挥了间接融资效应，直接融资效应并未发挥作用。如何充分发挥商业信用的融资功能，使大多数非上市企业能够通过获得商业信用为技术创新提供资金来源？本书认为可以通过借助大力发展供应链金融，缓解信贷市场中的信息不对称，为商业信用的直接融资作用以及信号作用提供条件，推动商业信用更好地发挥对技术创新的促进作用。与普通的商业信用模式相比，供应链金融模式通过解决信息不对称、风险分担和提升流动性溢价等问题，为供应链条上的中小企业信贷资金供给提供渠道，提高整个供应链的融资效率，对我国企业的技术创新具有重要的战略意义。但是，目前中国供应链金融发展起步较晚，且存在供应链金融制度保障缺乏、参与主体重视程度不足、信息化技术管理有待提高等问题，限制了供应链金融的发展。对此，本书提出：政府应出台相应的政策法规和交易规则，规范供应链金融的发展；鼓励供应链金融产品创新，并进行相关服务的支持；借助新一代信息技术来推动传统供应链金融向数字化、智能化的转型。企业可以通过建立与交易企业和金融机构的合作关系，建立行业间的信息化管理系统，并做好相关人才储备工作等措施为商业信用作用的有效发挥提供保障。

其次，理论和实证分析商业信用对技术创新都会产生市场竞争的负向作用，商业信用的强制性效应也显著存在，这些现象的背后与商业信用使用过程中面临的各种风险有关。对此，通过分析目前商业信用使用过程中存在的风险现状，可以发现商业信用的信用风险和流动性风险比较突出，限制了商业信用积极作用的发挥。对此，本书提出：政府应加快推进规范建设征信系统、规范商业信用融资业务，进一步完善商业信用风险监测体系；企业应提升商业信用风险评估能力，提高企业自身信誉水平，提高企业信用治理水平，最大限度地控制商业信用风险，为有效利用商业信用发挥积极作用提供保障。

最后，从结构性影响的研究可以发现，良好的内外部环境会更有利于发挥商业信用对企业技术创新提升的作用。虽然我国现在的外部环境整体有利于商业信用融资，但是仍然存在一些不足，比如，我国有关商业信用的法律制度并不健全，而且对知识产权的保护程度不够；社会资本的发展未获得广泛的关注；我国金融市场与成熟金融市场相比仍存在较大差距等。这些问题的存在制约了企业的商业信用融资，从而不利于商业信用对企业技术创新促进作用的发挥。对此，本书提出：政府应进一步完善法律制度，加强知识产权保护惩罚力度；加快完善个人和企业征信体系建设，充分发挥民间组织的作用，提升全民社会资本水平；优化商业信用制度安排，调控行为边界，减少政府对信贷供给的过多干预，发挥市场机制在资本配置中的作用，进一步推动金融市场的市场化改革。企业应通过产品差异化、服务专业化等策略提高市场地位，通过加强与高校等科研机构的合作、加大人才储备等途径提升企业竞争力水平。完善信息披露制度，提高自身议价能力，加快资源运营调整速度，企业间建立区域合作网络和产业联盟，为商业信用积极作用的发挥提供保障。

经过大量的数据资料收集处理，反复研讨论证，历时三年最终完成了书稿。感谢参与本书的老师与同学，他们参与了数据文献的收集整理、部分章节的研究等工作，为该书付出了非常多的辛苦。特别感谢山东大学随洪光老师、天津财经大学张瑜老师在研究设计等方面的指导。感谢上海财经大学博士生刘潇、上海大学硕士生刘欣、山东理工大学本科生王静如等在前期文献整理、数据搜集处理等方面的辛苦付出。感谢我的研究生谢欣秀、周体翔、寇奉娟、刘伟亚、胡孟元在后期内容完善校对过程中付出的努力。感谢山东理工大学社科处领导的支持，感谢经济学院领导和老师的帮助，感谢中国社会科学出版社工作人员给予的支持。最后，感谢我的家人长期以来对我工作的理解与支持。

  文责自负，疏漏之处，敬请读者指正。

刘廷华

于山东理工大学经济学院

2020 年 10 月

目　　录

第一章　导论 ………………………………………………………… 1

　　第一节　研究背景 ………………………………………………… 1
　　第二节　文献综述 ………………………………………………… 3
　　第三节　研究意义 ………………………………………………… 8
　　第四节　研究内容、方法与创新之处 …………………………… 9

第二章　商业信用影响技术创新的理论分析 …………………… 15

　　第一节　获得商业信用影响技术创新的理论机制 …………… 15
　　第二节　提供商业信用影响技术创新的理论机制 …………… 20

第三章　商业信用对技术创新的整体影响检验 ………………… 25

　　第一节　商业信用影响技术创新的实证检验
　　　　　　——基于工业企业数据分析 ……………………………… 25
　　第二节　商业信用影响技术创新的实证检验
　　　　　　——基于上市企业数据分析 ……………………………… 35
　　第三节　商业信用影响技术创新的实证检验
　　　　　　——进一步稳健性分析 …………………………………… 44
　　第四节　本章小结 ………………………………………………… 59

第四章　商业信用影响技术创新的机制检验 …………………… 61

　　第一节　机制衡量与检验方法介绍 …………………………… 61

第二节　获得商业信用对技术创新的影响机制检验……… 63
　　第三节　提供商业信用对技术创新的影响机制检验……… 81
　　第四节　本章小结…………………………………………… 90

第五章　商业信用对技术创新的结构性影响研究……………… 93
　　第一节　商业信用对技术创新的结构性影响
　　　　　　——货币政策因素分析……………………………… 93
　　第二节　商业信用对技术创新的结构性影响
　　　　　　——地区差异分析…………………………………… 103
　　第三节　商业信用对技术创新的结构性影响
　　　　　　——行业差异分析…………………………………… 137
　　第四节　商业信用对技术创新的结构性影响
　　　　　　——企业特征差异分析……………………………… 152

第六章　商业信用促进技术创新的对策建议…………………… 161
　　第一节　基于供应链金融发展的对策分析………………… 162
　　第二节　基于商业信用风险防控的对策分析……………… 167
　　第三节　基于外部环境保障的对策分析…………………… 172

参考文献……………………………………………………………… 177

第一章 导论

第一节 研究背景

自改革开放以来,经济增长迅速而金融发展落后成为中国"增长之谜"。不少研究认为,长期以来中国经济的高速增长主要依靠高储蓄,而技术进步进程较为缓慢。当前我国经济进入"新常态",全面提升国家创新能力、建设创新型国家,已成为国家发展战略,创新战略的实施于微观层面在于提升我国企业的技术创新水平,使技术创新成为经济发展的核心驱动力。哪些因素影响企业创新行为以及如何提升企业的自主创新能力是当今学术界研究的热点问题。

中国的金融市场相比发达国家的金融市场存在较大的发展滞后性,这种滞后性可能会严重阻碍企业的创新。由于融资和投资与企业的生产发展密切相关,因此从融资角度考察企业的创新行为是十分必要的。创新作为一项有风险的项目,从想法提出到真正应用于生产实践再到获取收益可能经历一个非常漫长的过程,而银行贷款门槛与企业上市门槛较高,正规的融资渠道对于大多数的中小企业来说可以获得的资金有限,中小企业普遍陷入资金约束状况,使其在创新道路上举步维艰,这凸显出研究国内非正规融资渠道对企业创新影响的重要意义。

商业信用作为非正规融资渠道的代表,在国内外拥有较长的发展历史，已被广泛应用。一方面，商业信用可以作为卖方销售产品的一种优惠手段，使卖方可以拥有较为稳定的市场份额，并且可以通过调整使用期限来制定产品的销售价格；另一方面，商业信用允许买方延期交付货款，进而使买方获得短期融资。此外，商业信用提供方与获得方通常在产品生产销售方面关系密切，彼此有所了解，在一定程度上减轻了信息不对称问题。因此，使用商业信用进行资金借贷比较容易并且通常没有利息，这使买方可以以较低成本获取资金，减轻自身融资约束问题。在2007年颁布实施《中华人民共和国物权法》（以下简称《物权法》）后，国家从法律上保障债权人的合法权益，更进一步推动了商业信用朝着更规范的方向发展。

通过文献梳理，本书发现已有关于商业信用的研究关注了商业信用与货币政策之间的关系、商业信用存在的动机、商业信用的影响因素以及商业信用对微观企业的经济影响（比如对出口的影响、对企业成长的影响等），鲜有研究从商业信用角度出发，考察非正规金融是创新的"催化剂"还是"绊脚石"。刘政和杨先明（2017）较早关注到商业信用作为非正规金融会影响企业创新，但该研究主要是从获得商业信用产生的融资作用出发，并未考虑到商业信用的提供会对创新产生的影响，并且忽略了获得商业信用可能存在的其他作用，如可降低企业的代理成本问题等。实际上从商业信用获得角度来看，商业信用为获得方提供了短期资金，可以缓解企业的融资约束状况，但这一短期融资是否能够有效支持长期的技术创新？从商业信用提供方来看，提供商业信用会扩大企业的市场份额，增加企业的销售收入与资金流入，进而促进企业发展；但当商业信用被占用的资金影响企业内部现金的正常运转之时，可能会挤占企业用于创新投资的资金。因此，不论是商业信用的提供还是商业信用的获得对创新产生的影响都带有不确定性。

第二节 文献综述

商业信用在企业之间被广泛使用,作为非正规金融的一种重要形式,对企业的经营和发展有着重要作用。自20世纪60年代,Meltzer（1960）开创商业信用的经验研究后,商业信用进入比较全面的研究阶段。关于商业信用的研究,大体分为两类:从宏观视角分析商业信用对货币政策的影响（Lee and Stowe, 1993；巴曙松, 2000）、与银行信用的关系（Kohler et al., 2000；刘仁伍和盛文军, 2011）等；从微观视角考察商业信用产生的动机（Schwartz, 1974；路正飞等, 2010）、使用的决定因素（Emery, 1984；Fisman and Raturi, 2004）以及对实体经济产生的影响[①]等。

本书探讨商业信用对技术创新的影响,因此着重对商业信用影响企业的相关文献进行梳理。商业信用是有商业往来的企业,在交易过程中延期支付货款或者预收账款而产生的企业之间的信用行为。商业信用一般表现在供给（即提供商业信用）和需求（即获得商业信用）两个方面,比如A企业允许购货商B企业先使用货物,后交付货款,则A企业为商业信用的提供者,B企业为商业信用的获得者。厂商在给客户提供商业信用的同时,也可能获得来自其供货商的商业信用。因此,本部分将从商业信用提供和商业信用获得两个方面分别对企业使用商业信用可能产生的影响做系统梳理。

一 提供商业信用对企业的影响

（一）发挥信号效应优势,降低企业融资成本

林毅夫和孙希芳（2005）认为,在发展中国家金融体系下,金融中介很难克服信息不对称问题,无法获得银行信用的企业只能通

[①] 具体可以分为对企业投资、企业的生产效率及出口扩张等的影响（Fisman, 2001；石晓军和张顺明, 2010；俞鸿琳, 2013；陆利平和邱穆青, 2016；黄兴孪等, 2016）。

过无约束企业获得资金。而非正规金融（如商业信用）的信号效应在解决逆向选择问题上具有突出的优势。因为相比银行等正规金融机构，供应商能够从非正规金融中更轻松并且低成本地获取信息，这在很大程度上解决了企业之间普遍存在的、阻碍企业间贸易往来的信息不对称问题。刘凤委等（2009）发现基于经济社会中信任机制的相互作用，企业发挥信号效应优势向其他合作企业提供商业信用为企业提供了良好的信任环境，使企业更容易获得金融机构和其他贸易企业的融资支持，进一步降低了企业的融资成本。

（二）提高生产效率水平，增强企业产品竞争力

市场竞争理论将商业信用作为提供商的一种竞争手段，使用商业信用能够增强企业的产品竞争力。Schwartz（1974）认为，为了提升市场势力、增加产品销售，企业可以通过商业信用维持更多的销售，商业信用的提供有利于企业去库存，企业提供的商业信用越多，未来增长的销售收入就越多（吴昊旻和王杰，2018）。Horen（2007）研究得出关于商业信用的竞争假说，即在遇到同行业竞争者较多的情况时，客户更容易找到其供应商的替代者，此时供应商企业可以通过提供商业信用增强自身竞争力。国内学者王竹泉和孙兰兰（2016）通过研究最优商业信用供给与创新的关系，论证了商业信用供给在增强产品市场竞争优势、提高公司创新能力方面的替代作用，也认为供应商将使用贸易信贷作为产品市场上的一种竞争手段。供应商之间的竞争越激烈，它们提供贸易信贷融资动机的普遍性越强（Fabbri and Klapper, 2016），因为更多的商业信用保证了更多的客户资源，锁定的客户资源在一定程度上可以促进企业营收增加，进而促进生产效率的提升（刘小玄和吴延兵，2009；张玉和胡昭玲，2020）。综上，不难发现，商业信用虽然属于非正规融资渠道，但是其对增强企业的产品竞争力和提高生产效率具有重要意义。

（三）迎合强势买方要求，被动提供商业信用

Horen（2005）发现在市场势力分布不均或是买方存在较大的市场势力的情形下，这种被迫提供商业信用的状况是非常常见的。

谢诗蕾（2011）通过实证分析发现，在提供商业信用的企业中，盈利能力更低的公司提供的商业信用更多，这意味着这些公司商业信用的提供可能是一种被迫采纳的举措，并且成立时间越短、规模越小的公司，提供的商业信用越多。金碚（2006）认为，供应商为了不失去大客户或者市场渠道，不得不容忍具有较强实力的企业的拖欠，并且越是高信誉的企业越倾向于增加拖欠期和拖欠额。于博和植率（2017）同样发现商业信用供给并非供应商根据自身信贷优势主动实施的逐利行为，而是在买方市场条件下因客户占据强势地位被动进行的授信行为，是强势买方对供应商实施的信用侵占，这种情形下将不利于社会稳定和经济效率的提升。

二 获得商业信用对企业的影响

（一）缓解企业融资约束，保障企业生产链的可持续性

商业信用通过降低交易成本，使企业可以先获得材料，延期付款，这就保障了企业生产链的可持续性，不会因短期资金不足导致停产现象的出现，大大促进了企业的生产规模扩张与效率提升（石晓军和张顺明，2010）。Bönte 和 Nielen（2011）通过研究 14 个欧洲国家的中小企业样本验证了上述结论。随着银行显著提高贷款门槛和股市低迷情况的出现，大型企业也较难获得正规金融的外部资金，国有企业和上市企业扩大使用商业信用规模来解决短期资金不足的问题（孙浦阳等，2014；吴石磊，2018），而中小企业对商业信用融资的依赖更是不言而喻，中小企业融资期限短、频率高、金额少等特点与商业信用融资的特点正好相匹配（雷娜和邓淑红，2017）。这些都表明获得商业信用对于企业缓解融资约束、保障企业生产链的可持续性具有重要意义。

（二）缓解企业代理冲突，降低企业代理成本

李扬（2011）研究发现，负债融资能够抑制代理成本，并且短期融资的抑制作用更为明显。何瑛和张大伟（2015）证实了以上结论。商业信用作为一种短期负债融资方式存在，也能在一定程度上影响企业的代理成本。一方面，管理层需要公司来维护声誉与自身利益，会考虑公司的长期发展，因此商业信用缓解了管理者与股东之间的第一类代理冲突；另一方面，企业出于以后商业信用融资的考虑，会考虑及时还清货款，抑制大股东的现金利益输出行为，从而缓解了大股东与小股东之间的代理冲突（吴翔，2017）。因此，商业信用可能带有一定的监管治理作用，降低公司代理成本，约束经理人行为，降低信息不对称风险（Aktas，2012；蔡雯霞和邱悦爽，2018）。

（三）提高企业绩效，抑制企业过度投资

陆正飞和杨德明（2011）指出预收账款或应付账款等是一种不需要付利息的贷款行为，几乎零成本的贷款会提高融资方的经营绩效。晏艳阳和蒋恒波（2011）利用 1999—2008 年企业数据，分析使用商业信用对企业经营绩效的影响，验证商业信用融资规模能够显著提高企业绩效。付佳（2017）分析中国上市企业，发现商业信用的增加能够带来企业绩效的提高。同时，获得商业信用有利于抑制企业过度投资，商业信用本质上是一种负债，因此获得商业信用的企业将会减少投资来控制负债，进而起到抑制过度投资的目的（周雪峰，2014）。以上研究都表明企业获得商业信用可以提高企业绩效，并能抑制企业过度投资。

三　商业信用对企业技术创新的影响

商业信用对技术创新的影响源于其融资功能。商业信用是延期付款或者预收账款所形成的企业短期债权债务关系，相当于是卖方企业赋予买方企业的一个短期融资。商业信用融资的比较优势理论（Biasis et al.，1993）和信贷配给理论（Petersen and Rajan，1997）解释了为何在银行信用存在的情况下企业采用商业信用融资。信贷约束是导致企业研发强度过低的主要原因，中小企业在信贷市场上获得的资金有限，需要尽可能地利用商业信用进行融资，以补充企业的研发不足。胡海青等（2015）认为，尽管商业信用对 R&D 投资本身影响有限，但是其在一定规模和期限内对企业整体融资约束有着较好的缓解作用，企业可通过合理利用商业信用融资缓解融资约束，加大 R&D 投资力度，保证技术创新。刘政和杨先明（2017）发现，非正规金融借助缓解创新融资约束、降低创新与融资的信息非对称性以及替代现金三个机理实现促进本土制造业企业产品创新的融资功能。姚星等（2019）通过实证得出中国企业使用商业信用的收入效应明显大于替代效应，商业信用有力地推动了中国企业创新。上述观点支持了获得商业信用对企业创新的促进作用。

在实际应用中可以发现，不仅获得商业信用可以促进企业创新，提供商业信用同样也可以促进企业创新（Fabbi and Menichini，2010）。提供商业信用具有产品质量保证效应（Lee and Stowe，1993）。创新企业新研制出的产品往往不被客户熟知，向购买商提供商业信用可以允许客户先使用产品后付款，增加客户对创新产品的了解和需求，进一步刺激企业创新（杨惠馨等，2018；刘鹏程，2019）。但同样有研究反驳认为，企业提供商业信用的目的是在增加销售、锁定客户和增加资金成本之间的权衡（陈胜蓝和刘晓玲，2018），然而提供商业信用相当于将公司自身的流动性让渡给客户，不仅会产生客户占用自身营运资金的机会成本（吴昊旻等，2017），而且会随客户违约带来财务风险。因此，提供商业信用对企业创新的影响并不是确定的。此外，Bönte 和 Nielen（2011）在研究产品创新与商业信用供求之间的关系时发现：一方面，创新企业因面临融资约束而对商业信用融资需求较高；另一方面，由于商业信用的信息优势，供应商能及时了解创新企业的发展前景，而更愿意为创新企业提供商业信用。这说明商业信用与技术创新之间存在内生性问题，外生分析商业信用会导致研究结果有偏。

虽然现有文献从不同角度研究了商业信用对技术创新的影响，但是该领域的研究仍存在以下问题。

第一，企业经营过程中，提供商业信用获取更多销售收入是企业使用商业信用的首要出发点，商业信用对技术创新的影响不容忽视。而现有文献多从商业信用获得的视角分析，较少研究商业信用提供对技术创新可能产生的影响。第二，商业信用既有主动使用也有被动使用,现有文献仅考察主动获得商业信用影响企业创新投入的融资机制,鲜有考察被动使用给企业创新带来的影响。第三,企业技术创新既包括创新投入,也包括创新产出。创新投入涉及创新强度和创新参与两方面,创新产出既应考虑产出数量又应注重产出质量(创新产出类型存在较大差异)。已有文献多分析对创新投入或者创新产出单方面的影响。第四,商业信用影响技术创新的过程中存在内生性问题,已有研究较少控制该问题,造成研究结果存在一定偏误。

对此,本书将着重解决以上四个问题,从商业信用的提供和获得两个角度,考察主动和被动使用商业信用对技术创新的影响,注重区分对技术创新不同方面的考察,使用跨期模型和准自然实验法合理控制变量的内生性问题,系统分析商业信用对技术创新的影响。

第三节　研究意义

新时代背景下,追求高质量发展而非高速度发展俨然已成为我国经济发展的趋势。技术创新作为高质量发展的重要引擎,已成为我国重要的发展战略。企业的技术创新是实现创新发展战略的重要途径,而企业开展创新活动又离不开金融资源的支持。金融支持除了来源于正规金融系统,非正规金融系统也至关重要。非正规金融作为替代和补充,对企业技术创新的影响更为深远。商业信用作为非正规金融的一种重要形式,对企业的创新活动有着重要影响。

鉴于此,本书从理论上探讨商业信用对技术创新可能产生的影响机理,运用大样本的微观数据实证检验商业信用对企业技术创新的计量影响,运用中介效应模型检验其影响的作用机理,探究影响原因,并从宏观政策和微观企业两方面提出相应的对策启示。

本书主要的学术贡献在于从技术创新层面考察商业信用的作用。

一是不仅从商业信用的需求角度还从商业信用的供给角度，分析商业信用对技术创新的作用机制，为后续理论研究提供新思路。二是运用中介效应模型，对商业信用影响技术创新的具体作用机制予以实证检验，为现有文献较少从数量上衡量影响机制提供思路。三是对商业信用如何影响技术创新的多个维度进行系统检验，并进一步研究了商业信用对企业创新的结构性影响，这能够较为深入地明确商业信用与异质性企业技术创新的关系。

本书的主要现实意义在于为企业创新经营决策和政府政策制定提供经验参考：一是分析中国工业企业以及上市企业数据，检验企业技术创新过程中使用商业信用的效果，为不同类型企业如何更好地使用商业信用以促进自身发展提供参考依据。二是通过分析商业信用影响技术创新的各种机制以及结构性影响，考察当前经济形势下，如何为促进商业信用更好地服务实体经济、为政府在相关政策制定方面提供实证支持。

第四节 研究内容、方法与创新之处

一 研究内容

非正规金融在经济增长过程中扮演着不可或缺的角色，但其影响经济增长的作用机理仍然没有受到足够的重视。本书主要从提供商业信用和获得商业信用的角度分别对技术创新的影响机制进行理论梳理，使用翔实的企业样本数据和科学合理的计量方法，实证分析商业信用对企业创新决策、创新数量、创新质量以及创新效率等的影响，并对其机制进行定量检验，为当前中国金融制度背景下，企业创新决策及政府政策制定提供理论基础和实证依据。

第一章在介绍研究背景的基础上，从商业信用的供给和需求两个方面对使用企业的影响进行了文献综述，引出本书的研究意义。之后通过技术路线图描绘了整个研究的思路框架，将本书的研究思路和章节之间的逻辑关系呈现出来。最后简述本书的主要内容、研究方法及创新之处。

第二章是理论分析部分，借助文献梳理和逻辑推演，从商业信用的获得和提供的角度分别对技术创新的可能影响机制进行归纳分析，并提出商业信用对技术创新的整体影响假设，为之后的第三章和第四章做理论铺垫。具体机制如图 1.4.1 所示。

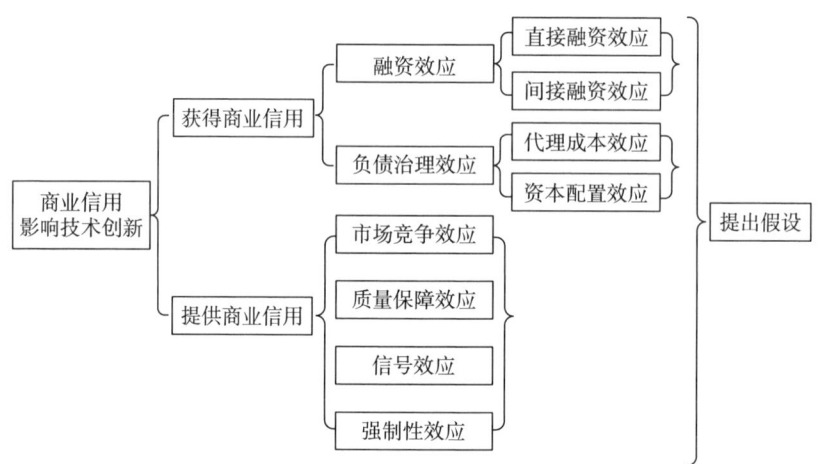

图 1.4.1　理论机制示意

第三章是商业信用对技术创新的整体影响分析。通过使用大样本的工业企业数据对第二章提出的理论假设进行实证检验。虽然工业企业数据库涵盖了工业总产值 95% 以上的企业，但是该数据库存在年份滞后、指标汇报不全等问题。对此，本书又采用特殊样本的上市企业数据库。上市企业不仅通过信用融资还会通过上市融资，而且公司治理等比普通企业更加完善，商业信用对技术创新的影响可能与对普通企业的影响存在差异。所以，本书的实证分析同时运用了工业企业数据库和上市企业数据库，做对照性分析。研究结果验证了第二章提出的理论假设，即商业信用的获得和提供均能促进技术创新。

第四章是商业信用影响技术创新的机制检验。对第二章理论分析中提到的商业信用影响技术创新的机制进行检验，研究发现，对于普通工业企业而言，获得商业信用通过缓解融资约束（间接融资效应）促进企业技术创新；基于强制性效应的分析发现，提供商业信用促进高质量创新的来源主要体现在规模较大的企业能利用提供商业信用促进专利产出。而上市企业则通过获得商业信用的直接融资效应、资本配置效应和提供商业信用的市场竞争效应促进企业的技术创新，并且基于强制性效应的分析同样发现，规模较大企业能利用提供商业信用促进发明专利产出，即促进企业的高质量创新。

第五章是商业信用影响技术创新的结构性分析。本章综合使用中国工业企业数据库和上市公司数据库，选取货币政策因素、地区差异（金融发展水平、政府干预程度、法治水平、知识产权保护水平和社会资本水平）、行业特征（是否垄断、是否高技术行业、行业竞争水平）、企业特征（所有权性质、市场地位）作为研究角度，多维度检验商业信用对技术创新的结构性影响。

第六章是政策建议。针对整体样本回归、机制检验与结构性分析得出的结论与发现的问题，本章基于发展供应链金融以发挥融资效应、防范商业信用风险以降低商业信用的不利影响、注重内外部环境的提升这三个视角，为了商业信用充分发挥其积极作用，分别从政府和企业两个层面提出一些有针对性的对策建议。

研究内容整体布局详见技术路线图（见图1.4.2）。

二 研究方法

本书主要使用的方法包括中介效应法、跨期回归法、准自然实验法、异质性检验法以及面板数据的多种计量方法。

（1）中介效应法，主要用于作用机制的计量检验。在实证分析中，结合已有文献关于具体机制的衡量，对机制予以指标化；然后，使用中介效应模型对指标进行量化分析。比如，缓解融资约束机制的检验，将借鉴文献，采用较为合理的衡量方法，构建融资约

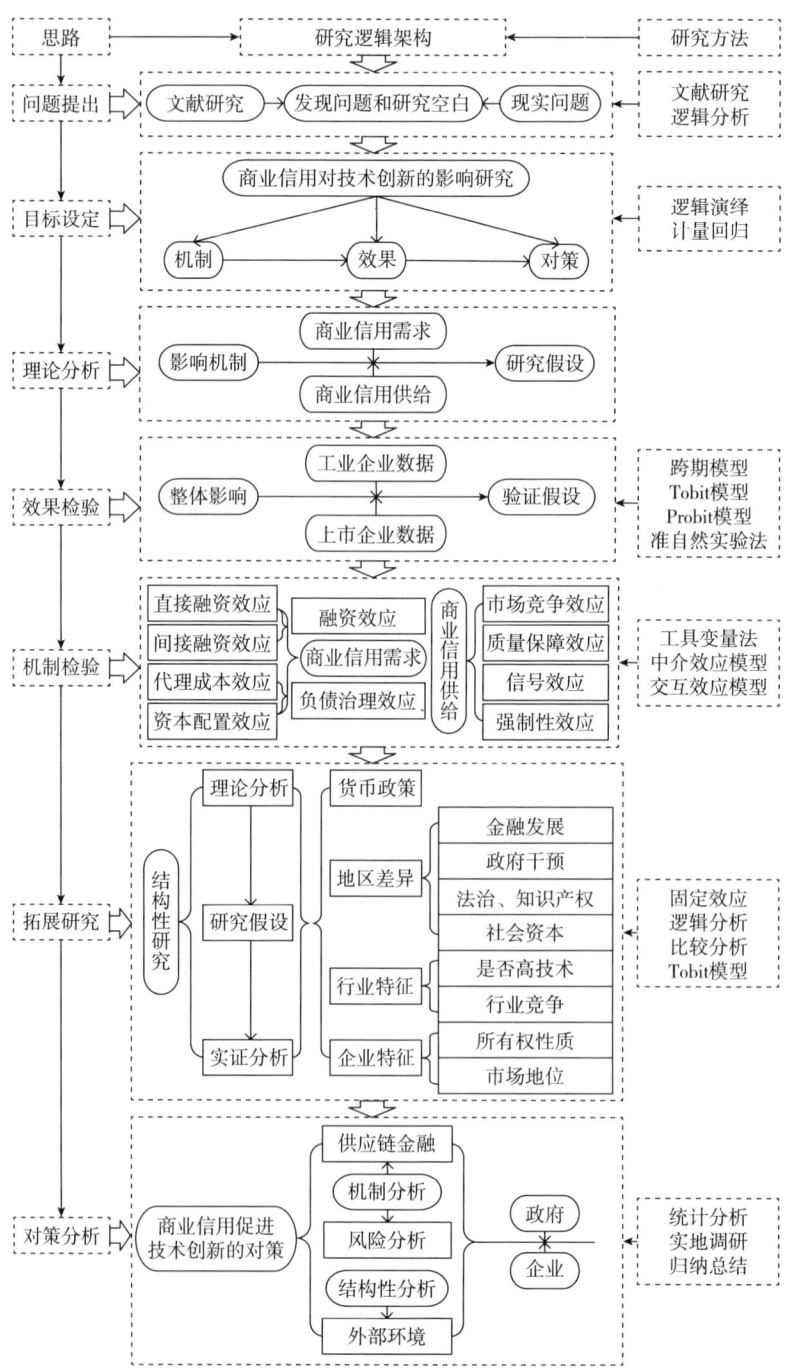

图 1.4.2 技术路线

束指标;然后运用中介效应模型做两次计量回归。同时,配合使用交互效应模型,做稳健性检验。

(2)跨期回归法与准自然实验的双重差分法,主要用于解决实证检验过程中控制变量的内生性问题。考虑到创新产出可能存在的滞后性以及解释变量与被解释变量之间可能存在双向因果关系等原因产生的内生性问题,本书采用跨期回归法,该方法能够在一定程度上克服双向因果关系,具体采用被解释变量的 t 期、$t+1$ 期和 $t+2$ 期分别进行回归。另外,本书又以2007年中国《物权法》的出台作为准自然实验,采用双重差分法(Difference in Difference,DID)评估商业信用对企业技术创新的影响。

(3)异质性检验法,主要用于检验商业信用对技术创新的结构性影响。使用该方法能够有效观察影响的非线性结构问题。本书中区分时间、空间特征,以检验企业在不同内在、外在条件下,商业信用对技术创新的影响差异。此外,还使用其他面板数据计量方法,包括 Tobit 模型和 Probit 模型,分别适用于被解释变量为归并数据以及被解释变量为二值选择数据的回归。

三 创新之处

(一)研究视角的创新

本书分别基于商业信用供给与需求两个视角分析对企业技术创新的影响,充分考虑主动使用与被动使用商业信用可能带来的影响,拓展了已有研究多关注获得商业信用的经济效应的视角,为商业信用对实体经济的影响研究提供了新的分析思路。

(二)研究内容的创新

(1)本书在分析商业信用对产出数量的影响的基础上,还着重关注了对产出质量的影响,充分考虑到对不同技术创新产出类型产生的差异影响,此外还关注对技术创新决策与创新效率的影响。在稳健性检验中,还引入了专利授权数、发明专利授权数和非发明专利授权数作为被解释变量,增强了研究论证的说服力。

(2)结构性分析的创新。本书综合使用工业企业数据库和上市公司数据库，选取货币政策因素、地区差异（金融发展水平、政府干预程度、法治水平、知识产权保护水平和社会资本水平）、行业特征（是否高技术、行业竞争水平与是否垄断）、企业特征（所有权性质、市场地位）作为研究角度，多维度检验商业信用对技术创新的结构性影响，为商业信用影响技术创新的内外部因素的差异化影响研究提供实证依据。

（3）对策建议的创新。本书结合实证研究结论，从发展供应链金融、防范商业信用风险和保障内外部环境三个角度，剖析了影响商业信用积极作用发挥的原因，并针对目前存在的问题，分别从政府和企业层面提出相应的对策建议。

第二章 商业信用影响技术创新的理论分析

商业信用是指有商业往来的企业，在交易过程中通过延期支付货款或者预收账款而产生的企业之间的信用行为。商业信用一般表现在需求（获得商业信用）和供给（提供商业信用）两个方面，所以，本书将从商业信用的获得和提供两个角度，研究商业信用对技术创新的影响。本章先理论分析商业信用影响技术创新的影响机制，之后提出实证研究假设。

第一节 获得商业信用影响技术创新的理论机制

从资金的角度来看，获得商业信用相当于企业的一种短期融资；而作为负债融资本身而言，获得商业信用可能对企业具有一定的负债治理作用，那么商业信用能否通过这两种效应作用于技术创新？本节将结合已有理论与实证研究，将获得商业信用可能影响技术创新的作用机制区分为融资效应和负债治理效应。

一　融资效应

与企业的其他投资项目不同，技术创新投资自身具有严重的信息不对称性（Myers and Majluf, 1984；蒋兵，2019；李春霞等，2020）、高风险性（Solt, 1993；Garlappi, 2004；Wang et al., 2020；Zhang and Wang, 2021）、高沉没成本（Dixit and Pindyck, 1995；Alderson and Betker, 1996；Elahi et al., 2021）的特点。这

些特点会显著影响企业技术创新投资意愿。那么，将如何激发企业的创新动力呢？研究发现，除了技术创新带来的收益，顺畅的外部资金融通，也会大大激发企业技术创新意愿。

创新研发由于其特殊性离不开充裕的资金支持，而有限的内部资金难以满足企业的研发资金需求，所以外部融资成为研发资金的重要来源。融资优势理论认为商业信用相比于银行借款存在信息优势、资源掌控优势和资产清算优势，企业获取商业信用的外部融资成本更低、效率更高。商业信用作为企业的外部融资渠道（孙浦阳等，2014），能够为技术创新投入提供资金来源，从而促进技术创新（张杰和芦哲，2012）。张林和丁鑫（2018）在研究分析上市企业数据时同样发现，企业获得的商业信用与企业研发投入支出呈正相关关系。魏群和靳曙畅（2018）也得到商业信用与企业的创新投入呈正相关关系的结论。王建梅和王筱萍（2011）研究也发现R&D投资与技术创新产出呈正相关关系。因此，商业信用作为银行信贷的互补形式，一定程度上能够为企业创新投入提供资金支持、增加企业创新投入，进而促进企业技术创新，本书将这一机制定义为商业信用影响技术创新的直接融资效应。

不过，也有研究发现企业获得较多商业信用可能会导致研发投入强度的降低。吴祖光和安佩（2019）利用创业板上市公司数据回归分析时得出，获得商业信用对企业自身的研发投入强度产生抑制作用。因为企业获得商业信用融资主要表现为偿债压力带来的风险效应而不是融资支持，这种风险对民营企业的影响更为显著。在金融市场不完善的背景下，商业信用作为企业的一种短期融资难以支持企业进行长期投资。基于此，获得商业信用可能仅仅是一种短期融资，无法促进企业创新投入增加，无法促进企业技术创新，即商业信用对技术创新的直接融资效应并不存在。

与此同时，中国企业普遍存在严重的融资约束问题（鞠晓生等，2013；朱敏等，2019；刘雪燕等，2021），企业面临融资约束时往往会倾向于减少长期的研发投资（吴石磊，2018；潘士远和蒋海威，

2020）。这样，融资约束会制约企业的研发投入（解维敏和方红星，2011；李淑云，2019；盛科荣等，2021），进而抑制技术创新。信贷配给理论（Petersen and Rajan，1995）指出，商业信用融资一定程度上缓解了企业所面临的信贷约束。Emery（1984）认为，相比那些可以获得银行贷款的企业，受银行信贷配给制约的企业会使用更多的商业信用。原因是当企业面临融资约束时，商业信用恰好能够弥补金融机构信贷配给的不足。企业获得充足的外部资金，会为创新资金链的不间断提供保障，进而促进企业技术创新。因此，商业信用可能通过缓解企业面临的融资约束问题，促进企业技术创新产出增加。本书将之定义为商业信用影响技术创新的间接融资效应。

二 负债治理效应

商业信用作为企业短期融资的一种重要方式，除了具有融资作用，还可能具有负债治理作用。负债治理一方面会影响企业的代理成本，另一方面会影响企业的资本配置效率。

代理成本会抑制企业技术创新。一方面，创新活动具有高不确定性和无形性特征，使企业实际控制人难以对研发活动加以监督管理；另一方面，创新活动作为一个长期的积累过程，需要经营者的持续性付出，然而创新成果的最终受益人是管理者而不是企业经营者，代理问题的存在会导致管理层对研发活动施以操控（Kumar and Langberg，2009；Richardson，2006；Hall，2002）。汪争云（2019）指出管理层与股东之间的第一类代理冲突导致管理层出于自身利益与风险规避的考虑，不愿进行高风险、回报期限长的技术研发投资；大股东与中小股东之间的第二类代理冲突，导致大股东更加注重谋取私人收益，不关注企业的技术创新投资。因此，这两种代理问题都在一定程度上影响企业的技术创新，不利于企业进行技术创新投资。

研究发现，负债融资能够抑制代理成本，并且短期融资的抑制作用更为明显，对企业价值的提升作用更强（李扬，2011；何瑛和张大伟，2015；高越，2019）。商业信用作为一种短期负债融资，管理层为了维护公司声誉与自身利益，会考虑公司的长期发展，商业信用可能会缓解管理者与股东之间的第一类代理冲突；另外，企业出于后期商业信用融资的考虑，会及时还清货款，抑制大股东的现金利益输出行为，缓解大股东与小股东之间的代理冲突（吴翔，2017）。因此，商业信用具有监管作用，能够有效降低公司代理成本，约束经理人行为，降低信息不对称风险（Aktas，2012）。所以，商业信用作为企业的短期负债能在一定程度上降低代理成本，进而促进技术创新。本书将其定义为商业信用促进技术创新的代理成本效应。

商业信用可能通过影响企业的资本配置效率进而影响技术创新。资本配置效率的高低决定了企业的有效率投资水平。企业的非效率投资主要表现为过度投资和投资不足两种形式。过度投资行为来源于所有者和经理人之间的委托代理问题，是经理人对投资前景过于自信而造成的盲目投资；投资不足问题主要源于公司财务结构造成的股东与债权人之间的代理问题。主动投资不足是指以债务融资为主要融资渠道的企业由于投资收益的大部分归债权人，管理层采取过度保守的风险态度，而被动投资不足是指当企业财务杠杆较高时债权人在信息不对称的情况下，增加一系列保护条款限制企业投资。可见，非效率投资问题的存在会影响企业开展具有高风险的创新活动。

邓玉茹和谢守红（2019）研究发现，商业信用作为债务融资的一种重要方式会减缓非效率投资。因为商业信用融资作为一种短期债务存在，在满足了企业生产经营需要的同时，没有增加管理层所掌握的自由现金流，并且出于偿还货款的需要，在一定程度上可以抑制管理层对自由现金流的随意决定权，且债务性融资比例的增加会增加管理层的相对持股比例，出于自身利益考虑，会使管理层减少挥霍行为（Jensen and Meckling，1976；蒲阿丽和李平，2020），因此可以大大减少过度投资行为。此外，负债融资能减少企业内部各利益者的冲突，弥补投资不足。因此，商业信用作为一种债务融资对企业的过度投资与投资不足都有抑制性,对低效率投资问题起到了双向调节作用。所以,获得商业信用能够提升资本配置效率,进而提高技术创新投资效率。本书将其定义为商业信用影响技术创新的资本配置效应。

综上所述,获得商业信用可能会产生负债治理效应,降低企业的代理成本,减缓非效率投资,提升资本配置效率,最终有利于技术创新。

部分学者研究认为,债务加剧了大股东对小股东的隧道效应,债务性融资不但不能抑制代理成本,反而成为大股东利益侵占的工具(Faccio et al., 2003)。所以,企业获得商业信用可能不会降低代理成本,无法促进技术创新。

综合来看,企业获得商业信用对技术创新的影响并不确定。

三 获得商业信用影响技术创新的研究假设提出

总结上述关于获得商业信用影响技术创新的机制分析,提出以下理论假设。

首先,获得商业信用作为创新资金来源,通过为研发投入注入资金(直接融资效应),促进企业创新投入增加;或者通过缓解企业融资约束(间接融资效应),促进企业技术创新。

其次,获得商业信用可能对企业产生负债治理效应。一方面,可能降低企业的代理成本(代理成本效应);另一方面,可能会提升企业的资本配置效率(资本配置效应),提升创新投资效率,进而促进企业创新。

对此,本书提出研究假设 2.1.1:获得商业信用能够促进企业技术创新。

但是,也存在以下可能:首先,商业信用获得仅仅是短期融资,无法成为技术创新投入的资金来源。其次,商业信用不会降低企业的代理成本,进而不能促进企业技术创新。

对此,本书也提出研究假设 2.1.2:获得商业信用无法促进企业技术创新。

第二节 提供商业信用影响技术创新的理论机制

关于提供商业信用对技术创新的影响分析,本书结合企业使用商业信用的动机,梳理已有研究,从市场竞争效应、质量保障效应和信号效应三个方面分析主动提供商业信用对技术创新的影响机制,从强制性效应探讨被动提供商业信用对技术创新可能产生的影响。

一 市场竞争效应

在激烈的市场竞争中,企业为客户提供商业信用,可能会通过利用价格优势提高客户忠诚度,进而提高企业自身的竞争力。一方面,商业信用优惠条款实际上是产品的价格组成部分,企业可以通过提供商业信用从激烈的市场竞争中胜出(Schwartz,1974)。也就是说,企业提供商业信用,使企业在产品价格上具有优势,提高了企业的竞争能力。另一方面,商业信用条款能够提高客户忠诚度(Wilson and Summers,2002),供应商企业通过提供优惠的信贷条件,可维持与客户之间的联系,保持自身市场份额(Paul and Wilson,2007)。也就是说,企业提供商业信用,可以通过提供优惠的信贷条件,提高客户的忠诚度,进而提高企业自身竞争能力。

企业竞争力的提高,可能会进一步促进企业技术创新(许家云,2018)。郭晓玲和李凯(2019)认为企业在横向竞争市场中的地位优势能够削弱由上游供应商集中度提高引致的抑制挤压效应,进而对企业研发投入产生促进激励效应。企业竞争能力越强,在横向竞争市场中的地位优势越凸显,进而削弱供应商集中导致的抑制挤压效应,激发企业技术创新意愿(张志新,2019)。与此同时,企业竞争能力提高,可以促进企业的销售,增加企业的销售收入,进而为企业研发提供资金支持,促进企业技术创新。因此,企业提供商业信用，可能会增强企业价格上的优势，维护自身市场份额，提高自身竞争能力，可能进一步通过抑制挤压效应，对企业研发投入产生促进激励，以及通过增加企业的销售收入增加利润，为企业研发提供资金支持，最终促进技术创新。

也有另一种可能，在完全竞争市场中，由于产品的可替代性较强，供应商的控制能力较弱，购买商很容易在市场上找到替代的供应商，这样造成商业信用违约，不利于商业信用提供者的正常销售，进而破坏企业原有的资金链条，不利于企业创新发展。这种情况下，因为商业信用违约而造成技术创新的抑制效应，产生负向的竞争效应。

因此，市场竞争效应下，商业信用对企业技术创新的影响是不确定的。

二 质量保障效应

提供商业信用具有产品质量保障效应（Pike et al.，1998）。创新企业新研制出的产品往往不被客户熟知，向购买商提供商业信用可以允许客户先使用产品后付款，增加客户对创新产品的了解，进而增加对创新产品的需求，进一步刺激企业创新。

在产品交易中往往出现信息不对称的问题，供应商无法完全了解买方企业的实际信用情况，或者，买方企业无法完全了解供应商的产品质量。供应商向买方提供商业信用这一行为本身可以使买方企业先了解到产品质量再进行付款，这有效解决了质量信息不对称的风险。相较于银行等正规金融机构，供应商能够更轻松并且低成本地获取信息。这在很大程度上解决了企业之间普遍存在的、阻碍企业间贸易往来的信息不对称问题，提高了企业之间的信任程度。

有了质量保障，企业之间的信任程度提高，这在一定程度上可以缓解融资约束，提高研发投入，促进企业创新。经济社会中的信任机制往往是相互作用的，当某一种信任基础缺失，其他信任基础则会受到更大的重视（刘凤委等，2010；崔兆财和周向红，2020）。官小燕和刘志彬（2020）发现，社会信任可以缓解企业内外部的信息不对称,从而降低代理成本和融资约束程度。融资约束的改善,可以增加企业研发投入,促进企业创新。

所以,企业提供商业信用,可以使买方企业先了解到产品质量再进行付款,这使产品的质量得到保障,降低买方企业潜在的违约风险,解决质量信息不对称问题,增强企业之间的信任度,从而降低代理成本和融资约束程度,提高企业创新意愿及获取创新资源的能力,促进企业的创新。

三 信号效应

企业提供商业信用可以向金融中介传递其经营和财务状况良性的信号,从而更易于获得来自金融机构的外部融资。Ma 和 Ma (2020) 研究发现企业使用商业信用能够获得更多的银行信贷,两者形成互补关系。在代理成本高的企业,这一关系更为深刻。国内学者江伟和曾业勤(2013)也支持这一观点。这是因为,在企业申请银行贷款时,需要向银行提供财务信息,其中应收账款占比越大暗示企业的销售状况越好,能够为客户提供商业信用的能力也表明企业未来将有更多的现金可收回,这种良性信号能使企业获得银行的信任,提高银行的贷款意愿,在一定程度上能够为企业创新投入提供资金支持,保证创新资金的持续供应,另外缓解了企业的融资约束,从而支持了企业技术创新。

此外,企业商业信用良好会获得金融中介的信任从而降低债务融资成本。应付账款能反映企业的经营质量并具有抵押的功能,对于金融中介来说,这可以降低发放贷款的风险,从而会调整授信企业的信用等级,这样对获得银行信贷的企业来说可以获得更优惠的贷款利率。《物权法》的出台有效地提高了企业抵押担保效率,简化了抵押物品的出质程序,降低了企业的交易成本,并使这种信号融资效应进一步加强。《物权法》对物的归属权做出规定,强调对权利人的物权做出保护,这将有利于企业利用债权融资,扩大企业的融资来源。姜军等(2017)研究表明,《物权法》提升了债权人的保护水平,有利于促进企业的技术创新,并且保护程度的提高有利于债权人为企业提供更多的资金,也将促进企业的技术创新。

因此,企业提供商业信用,可以向金融中介传递其经营状况与财务状况良性的信号,从而使其便于获得来自金融机构的外部融资。此外,还可以获得金融中介的信任而降低债务融资成本,使企业有充足的资金进行创新研发,促进技术创新。所以,这一效应为商业信用的信号效应。

四 强制性效应

以上三种效应均是从企业主动提供商业信用的角度出发,探索可能对技术创新的影响。事实上,企业在提供商业信用的过程中,不乏存在被动使用的情况。在我国社会信用体系和法律保障机制不完善的背景下,商业信用的产生及延续可能源自企业的恶意拖欠行为(陈彬等,2016;曹俊杰,2020),这会限制企业的经营发展,对企业创新造成严重的负面影响。本书将其定义为商业信用影响技术创新的强制性效应。

刘小鲁(2012)认为提供商业信用是因买方恶意拖欠行为而被动产生的。供应商并没有意愿提供商业信用,是被采购商拖欠账款造成了被迫提供商业信用的现状,这种情形将不利于社会的稳定和经济效率的提升(于博和植率,2017;刘廷华等,2018)。这种强制性效应存在市场要挟的危险。大客户往往具有较强的议价能力,这使企业的谈判水平减弱,产品价格降低,蚕食利润空间,产生买方垄断势力效应,对企业业绩产生负面影响。与此同时,处于交易劣势的企业会提供更多的商业信用,增加现金持有水平,从而向客户传递出利好的信号以维护企业与强势客户的关系。一旦大客户中止交易或出现财务危机,企业将面临应收账款难以收回等财务风险。如果缺少持续稳定的现金流和源源不断的资金保障,企业的创新能力和竞争优势将被削弱,这种削弱作用在上市后更加明显。张杰和刘东(2006)基于江苏省制造业企业的调研发现,中小企业拖欠货款严重影响企业的技术创新。

另外,林钟高和张春艳(2019)指出提供商业信用存在领先使用者的陷阱。由于创新活动具有高不确定性、高成本等特征，多数企业试图让客户，尤其是那些领先使用者自己设计和开发产品，这时公司仅以生产制造者的身份向市场引入这些新产品、新技术、新工艺。然而，这种做法降低了企业的研究开发能力，对企业的创新能力产生不利影响。同时，过于集中的客户群使企业没有进一步更新技术的动力；与此同时，企业与一个或几个比较集中和固定的客户保持长期合作关系，虽然在初期可以实现资源共享，提升企业创新能力，但这会使企业技术创新迎合特定客户的需要，造成企业对潜在市场需求的感知能力下降，技术创新能力减弱，进而不利于企业技术创新。

五 提供商业信用影响技术创新的研究假设提出

总结上述提供商业信用影响技术创新的机制分析，得出以下理论假设。

首先，市场竞争效应带来的倒逼机制，可能会激发提供商业信用的企业加大技术创新强度，促进创新；其次，提供商业信用可能通过质量保障效应促进企业创新；最后，商业信用的信号效应，会降低信贷市场的信息不对称，便于企业从金融机构获得外部融资，为企业技术创新提供融资便利。

对此，本书提出研究假设 2.2.1：提供商业信用能够促进企业技术创新。

不过，提供商业信用也可能给企业的技术创新带来负面影响。

首先，市场竞争效应可能带来的违约风险，会不利于技术创新；其次，强制性效应可能存在于弱势企业，尤其是规模相对较小、市场势力较弱的企业可能会因强制性特征被迫提供商业信用，一方面企业被迫提供商业信用带来大客户依赖性并削弱了后续创新的动机和能力，另一方面这对企业来说是一种资金占用，不利于企业资金的流动性，使企业受到资金约束并带来财务风险，不利于企业的创新。

对此，本书从反面提出研究假设 2.2.2：提供商业信用不利于促进企业技术创新。

第三章 商业信用对技术创新的整体影响检验

本书第二章理论分析了商业信用的需求和供给两个方面分别对企业技术创新的作用机理，并提出研究假设。本章将在此基础上，实证分析商业信用对技术创新的影响效果，检验上一章的理论假设。基于数据库的可得性和样本的多样性，本书将分别使用工业企业数据库和上市企业数据库进行整体影响的考察。在分析过程中，根据研究需要以及样本数据的特点，综合采用不同的计量分析方法，展开商业信用对不同维度技术创新影响效果的实证分析。

第一节 商业信用影响技术创新的实证检验
——基于工业企业数据分析

一 数据、模型、方法与指标构建

（一）样本说明

本书使用中国工业企业数据库1998—2009年①的样本数据，该数据库收录了中国全部国有企业和规模以上（年主营业务收入500万元以上）的非国有企业，总产值占中国工业企业总产值的95%以上。本书使用的另一数据库为国家知识产权局的专利数据库

---

① 工业企业数据库在2009年以后存在样本及变量缺失等问题，所以，本书收集的专利数据截至2009年，最终采用的工业企业研究样本时期为1998—2009年。

(1998—2009年),该数据库包含专利申请名称、申请时间、申请单位、申请类型(发明专利、外观设计专利、实用新型专利)。本书首先根据聂辉华等(2012)、Brandt等(2012)等的方法进行工业企业样本匹配,然后借鉴王永进和冯笑(2018)的分析将专利数据库与工业企业数据库进行匹配,最后借鉴谢千里等(2008)、Cai和Liu(2009)、高越(2019)以及毛其淋(2019)等的研究,删掉关键变量缺失或者为负数、职工人数少于8人、总资产小于流动资产、实收资本小于或者等于零、销售额低于500万元的样本,最终得到2036282个观测样本,其中74430个样本的专利申请数大于零。

(二) 模型及变量说明

结合已有文献,将影响技术创新的因素纳入模型,回归方程设定如下:

$$Inno_{it} = AR_{it} + AP_{it} + ROA_{it} + Bank_{it} + Kintensity_{it} + HHI_{it} + Age_{it} + Scale_{it} + \varepsilon_{it} \quad (3.1.1)$$

1. 被解释变量

本书的被解释变量是企业技术创新。现有学者多采用研发投入、新产品销售收入等指标来衡量技术创新,考虑到投入转化为产出的不确定性(王永进和冯笑,2018)等因素,本书借鉴Aghion等(2005)、王永进和冯笑(2018)等的衡量方法,采用企业专利数量来衡量技术创新的产出[①]。专利数量既包括专利申请数量也包括专利授予数量,由于专利授予存在较多的不确定性(周煊等,2012;Tong et al.,2014),本书使用专利申请数量来衡量技术创新。我国专利法中将专利分为三大类:发明专利、实用新型专利和外观设计专利。发明专利是指对产品、方法或者其改进所提出的新的技术方案。实用新型专利是指对产品的形状、构造或者其结合所提出的适于实用的新的技术方案。外观设计专利,是指对产品的形状、图案或者其结合以及色彩与形状、图案的结合所作出的富有美感并适于

---

① 在后面的分析中,也采用专利授权数做稳健性检验。

工业应用的新设计。不同类型的技术创新产出所包含的技术含量不同,所以,本书在后续研究中进一步根据专利类型来划分企业的技术创新质量。由于专利申请年度数据存在右偏问题,为解决这一问题,本书将各类专利申请数值加1之后取自然对数。

2. 解释变量

本书的核心解释变量是企业的商业信用,既包括企业提供给下游购买商的商业信用,又包括企业从上游供货商获得的商业信用。其中,提供商业信用(AR)使用应收账款除以总资产来衡量,获得商业信用(AP)使用应付账款除以总资产来衡量。由于工业企业数据库中的应付账款指标仅从2004年开始报告,研究获得商业信用使用的观测区间为2004—2009年。

3. 控制变量

本书主要借鉴毛其淋和许家云(2014)、孔东民等(2017)等的文献,选取企业所有权性质($Owncat$)[①]、企业资产收益率(ROA)、银行贷款($Bank$)、资本密集度($Kintensity$)、企业年龄(Age)、企业所处行业、地区虚拟变量以及市场竞争度(HHI)作为控制变量。具体衡量方法见表3.1.1。

表3.1.1　　　　　　　　　　变量衡量

符号	名称	定义
$Inno$	专利申请数量	某一年企业的所有专利申请数量加1,然后取对数
$Inno\_l$	低质量专利申请	某一年企业申请外观设计专利和实用新型专利数量之和加1,然后取对数
$Inno\_h$	高质量专利申请	某一年企业申请发明专利数量加1,然后取对数

---

① 通过实收资本界定的控股类型能比较真实及时地反映企业的所有权类型。借鉴路江涌(2008),本书将实收资本中外资或者港澳台股份不低于25%的企业归为外资企业(Foreign),低于25%的归为内资企业(Domestic)。内资企业中再按照注册资本金是否超过50%定义企业控股类型,即国有资本金占总注册资本的比重超过50%的为国有企业(State),个人资本金占总注册资本的比重超过50%的为民营企业(Private),其他的内资企业统一定义为其他企业(Others)。

续表

符号	名称	定义
$Inno\_dum$	创新决策变量	当专利申请数量大于零时,创新决策值为 1;否则,值为零。
AR	提供商业信用	应收账款/总资产
AP	获得商业信用	应付账款/总资产
$Owncat$	企业所有权性质	$Owncat=1$ 表示国有企业,$Owncat=2$ 表示外资企业,$Owncat=3$ 表示民营企业,$Owncat=4$ 表示其他所有权类型的企业
$Bank$	银行贷款	利息支出/总资产,衡量企业获得外部资金的情况
ROA	企业资产收益率	企业净利润/总资产,衡量企业的资产运营情况
$Kintensity$	资本密集度	使用固定资产除以从业人员数,然后取对数
HHI	市场竞争度	采用赫芬达尔—赫希曼指数取对数衡量
Age	企业年龄	采用当年年份与企业成立年份的差加1,然后取对数
$Scale$	企业规模	对企业总资产取对数

(三) 方法说明

由于样本期内许多企业的专利申请数值为零,所以被解释变量呈现出在零处左归并的分布,即存在下面的模型:

$$y_i^* = \alpha + \beta X_i + \mu_i \tag{3.1.2}$$

$$y_i = \begin{cases} y_i^*, & \text{若 } y_i^* > 0 \\ 0, & \text{若 } y_i^* \leq 0 \end{cases} \tag{3.1.3}$$

被解释变量为归并数据时,数据扰动项不服从正态分布或者存在异方差,使用普通面板回归模型将造成估计偏误。对此,本书主要采用 Tobit 模型对样本进行回归。考虑到因创新产出可能存在的滞后性以及解释变量与被解释变量之间可能存在双向因果关系等原因产生的内生性问题,本书采用跨期回归方法,该方法能够在一定程度上克服双向因果关系,参照姜军等(2017)的做法,本书在回归中对被解释变量的 t 期、$t+1$ 期和 $t+2$ 期分别进行回归。

二 统计分析

图 3.1.1 为专利年平均增长情况，横坐标为年份，纵坐标为专利均值。$patent$ 为专利申请总数年均值，ip 为发明专利申请数量年均值，up 为实用新型专利申请数量年均值，dp 为外观设计专利申请数量年均值。通过图 3.1.1 可以发现，样本期间企业申请专利的年均值总体呈现增长趋势，且 2008 年以后专利申请总数增长迅速。表 3.1.2 为不同类型专利的统计结果，均值比较发现发明专利申请数量在三种专利中最小，但是通过表 3.1.3，本书发现随着时间的推移，发明专利申请数量与其他专利申请数量之间的差距在逐渐缩小甚至反超（结合图 3.1.1），这也说明我国企业的高质量创新意识明显增强。

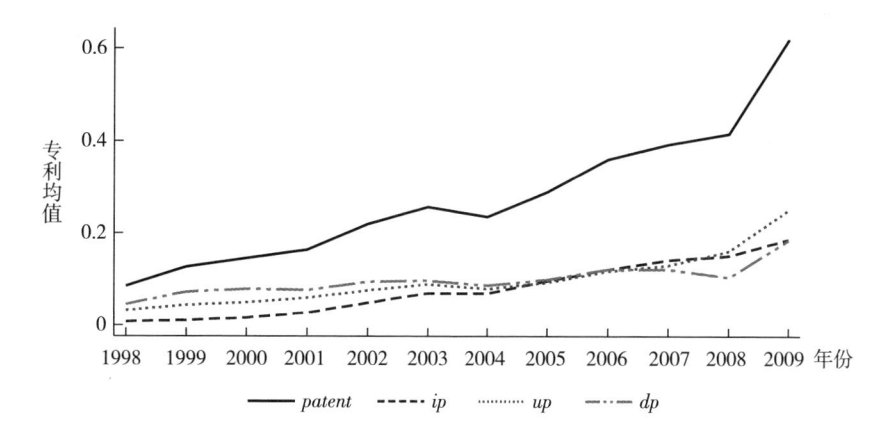

图 3.1.1　专利年平均增长趋势（1998—2009 年）

表 3.1.2　专利描述性统计结果

变量	样本数	均值	标准差	最小值	最大值
$patent$	2036267	0.321	12.7220	0	6384
ip	2036267	0.098	10.2410	0	5843
up	2036267	0.115	2.7784	0	860
dp	2036267	0.107	3.7293	0	1110

表 3.1.3　　　不同类型专利的均值（1998—2009 年）

年份	1998	1999	2000	2001	2002	2003	2004	2005	2006	2007	2008	2009
patent	0.09	0.13	0.15	0.16	0.22	0.26	0.24	0.29	0.36	0.39	0.42	0.62
ip	0.01	0.01	0.02	0.03	0.05	0.07	0.07	0.10	0.12	0.14	0.15	0.19
up	0.03	0.05	0.05	0.06	0.08	0.09	0.08	0.09	0.12	0.13	0.16	0.25
dp	0.05	0.07	0.08	0.08	0.10	0.10	0.09	0.10	0.12	0.12	0.11	0.18

表 3.1.4 是企业在样本期间使用商业信用（这里使用应收账款和应付账款分别占总资产的比重衡量）的均值情况，样本区间内提供商业信用占总资产的比重一直保持在 16% 以上，获得商业信用占总资产的比重保持在 13% 以上，印证了商业信用是企业的一项重要交易方式。表 3.1.5 为总样本的变量统计结果。

表 3.1.4　　　　企业使用商业信用的均值情况

年份	1998	1999	2000	2001	2002	2003	2004	2005	2006	2007	2008	2009
AR	0.166	0.170	0.173	0.175	0.180	0.186	0.204	0.189	0.187	0.185	0.173	0.179
AP							0.159	0.148	0.144	0.142	0.138	0.133

表 3.1.5　　　　　　　总样本变量统计

	样本数	均值	标准差	最小值	最大值
Inno	2036267	0.055	0.330	0	8.762
Inno_dum	2036267	0.188	0	1.0000	1.000
Inno_h	2036267	0.018	0.173	0	8.673
Inno_l	2036267	0.045	0.294	0	7.339
AR	2036267	0.182	0.179	0	0.999
AP	1369589	0.143	0.173	0	1.000
ROA	2036267	0.101	0.155	0	1.000
Bank	2036267	0.014	0.028	0	1.000
Kintensity	2036267	-0.980	1.331	-12.5600	9.651
HHI	2036267	-6.290	0.958	-8.1860	-0.240

续表

	样本数	均值	标准差	最小值	最大值
Owncat	2036267	3.032	0.875	1.0000	4.000
Age	2036267	1.987	0.856	0	7.604
Scale	2036267	9.720	1.438	2.3026	20.160

三 实证回归

本部分将从技术创新的产出数量、产出质量以及创新决策三个方面展开分析。在创新决策分析中，采用 Probit 模型检验商业信用对创新决策的影响。在实证回归中，为了控制潜在的异方差和序列相关问题，对所有回归系数的标准差均在企业层面上进行了 Cluster 处理。

表 3.1.6 显示，获得商业信用（AP）与提供商业信用（AR）的系数均在 1% 的水平上显著为正，说明不管是提供商业信用还是获得商业信用都显著促进了专利申请数量的增加。$t+1$ 期和 $t+2$ 期提供商业信用与获得商业信用的系数均显著为正，说明提供商业信用与获得商业信用对企业创新产出的促进作用存在滞后效应。通过比较 AR 与 AP 的系数发现，AR 的系数均大于 AP 的系数，说明在促进技术创新产出增加的过程中，提供商业信用的作用较获得商业信用的作用更大。

控制变量中，企业资本密集度、企业资产收益率与银行贷款变量的系数显著为负，说明这些因素未能有效促进企业创新数量的增加，反而抑制了企业创新，这一结果与毛其淋和许家云（2014）的研究发现一致。市场竞争度系数显著为正，说明市场竞争激发企业创新。企业年龄与企业规模也与技术创新数量呈现显著的正相关关系，且在 1% 的水平上显著，说明规模和年龄能显著促进企业创新产出的增加。规模越大，企业往往用于创新的资源越多（马光荣等，2014）。创办时间长，企业不仅在资源上占有优势，还能通过"干中学"不断积累，从而主动创新。

表 3.1.6 商业信用影响技术创新数量的回归结果

	t 期			t+1 期			t+2 期		
AR	1.02*** (−0.04)		0.97*** (−0.04)	1.07*** (−0.04)		0.99*** (−0.05)	1.15*** (−0.04)		1.08*** (−0.05)
AP		0.60*** (−0.04)	0.31*** (−0.05)		0.65*** (−0.05)	0.35*** (−0.05)		0.68*** (−0.06)	0.35*** (−0.06)
Bank	−6.92*** (−0.44)	−7.04*** (−0.52)	−6.79*** (−0.52)	−6.65*** (−0.51)	−5.90*** (−0.62)	−6.15*** (−0.62)	−8.58*** (−0.59)	−8.01*** (−0.77)	−8.34*** (−0.77)
ROA	−0.49*** (−0.04)	−0.73*** (−0.05)	−0.68*** (−0.05)	−0.34*** (−0.05)	−0.66*** (−0.06)	−0.62*** (−0.06)	0.023 (−0.06)	−0.33*** (−0.07)	−0.29*** (−0.07)
Kintensity	−0.30*** (−0.00)	−0.33*** (−0.00)	−0.30*** (−0.00)	−0.30*** (−0.01)	−0.33*** (−0.01)	−0.30*** (−0.01)	−0.28*** (−0.01)	−0.31*** (−0.01)	−0.28*** (−0.01)
HHI	0.086*** (−0.01)	0.064*** (−0.01)	0.063*** (−0.01)	0.096*** (−0.01)	0.069*** (−0.01)	0.067*** (−0.01)	0.088*** (−0.01)	0.050*** (−0.01)	0.048*** (−0.01)
Owncat	0.120*** (−0.01)	0.112*** (−0.01)	0.113*** (−0.01)	0.139*** (−0.01)	0.126*** (−0.01)	0.127*** (−0.01)	0.162*** (−0.01)	0.156*** (−0.01)	0.157*** (−0.01)
Age	0.150*** (−0.01)	0.255*** (−0.01)	0.248*** (−0.01)	0.080*** (−0.01)	0.183*** (−0.01)	0.175*** (−0.01)	0.039*** (−0.01)	0.134*** (−0.01)	0.124*** (−0.01)
Scale	1.086*** (−0.07)	1.104*** (−0.01)	1.109*** (−0.01)	1.103*** (−0.01)	1.117*** (−0.01)	1.122*** (−0.01)	1.114*** (−0.01)	1.129*** (−0.01)	1.134*** (−0.01)
年度效应	控制	控制	控制	控制	控制	控制	控制	控制	控制
行业效应	控制	控制	控制	控制	控制	控制	控制	控制	控制
观测值	2036267	1369589	1369589	1413953	898170	898170	1056470	623071	623071
Pseudo R^2	0.130	0.131	0.132	0.126	0.125	0.127	0.121	0.119	0.120

注：括号内数值为系数稳健标准差，***、**、*分别表示在 1%、5% 和 10% 水平上显著。下同。

进一步将创新质量分成高质量和低质量，表 3.1.7 结果显示，不管是对高质量创新还是低质量创新，提供商业信用都会促进企业的技术创新，但是，高质量组 AR 的系数比低质量组的系数绝对值大，说明企业提供商业信用对高质量组的技术创新促进作用更大。基于强制性效应分析发现，提供商业信用促进高质量创新的来源主要体现在规模较大企业能利用提供商业信用促进专利产出。

表 3.1.7　　　　　　　提供商业信用对创新质量的影响

	高质量			低质量		
	t 期	$t+1$ 期	$t+2$ 期	t 期	$t+1$ 期	$t+2$ 期
AR	1.080***	1.126***	1.167***	0.978***	1.056***	1.099***
	(−0.049)	(−0.052)	(−0.055)	(−0.040)	(−0.048)	(−0.053)
控制变量	控制	控制	控制	控制	控制	控制
观测值	2036267	1278152	933012	2036267	1278152	933012
Pseudo R^2	0.180	0.174	0.166	0.124	0.124	0.119

高质量组 ROA 的 $t+2$ 期系数为正，并且都通过了 1% 的显著性检验，说明企业资产收益率对高质量创新产出有显著促进作用，且只有在滞后两期后才显现出来。市场竞争度对高质量创新的回归系数在创新质量 $t+1$ 期和 $t+2$ 期显著为正，在创新质量当期并不显著，说明企业在竞争的环境中会刺激企业高质量创新（发明专利），但是这一刺激作用存在滞后性；市场竞争度对低质量创新的回归系数在创新质量当期、$t+1$ 期和 $t+2$ 期都显著为正，说明低质量的技术创新（实用新型专利和外观设计专利）对市场竞争的敏感度较高，企业能够及时对市场竞争做出反应。

表 3.1.8 为获得商业信用对创新质量的回归结果。结果显示，获得商业信用系数均为正，但在高质量组 t 期 AP 系数不显著，在 $t+1$ 期和 $t+2$ 期 AP 系数显著性增加；低质量组中 AP 的系数均显著为正，且系数绝对值普遍大于高质量组中 AP 的系数。可以看出，

获得商业信用对低质量创新产出增加的影响明显大于对高质量创新的影响。

表 3.1.8　　　　获得商业信用对创新质量的影响结果

	高质量			低质量		
	t 期	$t+1$ 期	$t+2$ 期	t 期	$t+1$ 期	$t+2$ 期
AP	0.020	0.126**	0.287***	0.796***	0.920***	0.916***
	(-0.050)	(-0.060)	(-0.063)	(-0.045)	(-0.055)	(-0.062)
控制变量	控制	控制	控制	控制	控制	控制
观测值	1369589	822367	560648	1369589	822367	560648
Pseudo R^2	0.165	0.160	0.151	0.126	0.126	0.119

表 3.1.9 是商业信用对企业创新决策的影响结果。该表汇报了对当期、滞后一期和滞后两期创新决策的回归结果。结果显示，获得商业信用（AP）与提供商业信用（AR）的系数在每一列中都为正，并且都通过了显著性检验，说明不管是提供商业信用还是获得商业信用，对创新决策都有着显著的正向作用；此外，$t+1$ 期和 $t+2$ 期获得商业信用（AP）与提供商业信用（AR）的系数要比 t 期的系数大，说明这一正向作用会随着时间的推移，效果更为显著。

表 3.1.9　　　　商业信用影响创新决策的回归结果

	t 期			$t+1$ 期			$t+2$ 期		
AR	0.16***		0.14***	0.18***		0.15***	0.20***		0.17***
	(-0.01)		(-0.01)	(-0.01)		(-0.01)	(-0.01)		(-0.02)
AP		0.06***	0.03*		0.08***	0.04**		0.08***	0.04**
		(-0.01)	(-0.01)		(-0.02)	(-0.02)		(-0.02)	(-0.02)
控制变量	控制	控制	控制	控制	控制	控制	控制	控制	控制
观测值	2036267	1369589	1369589	1413953	898170	898170	1056470	623071	623071
Pseudo R^2	0.18	0.17	0.18	0.18	0.18	0.18	0.17	0.17	0.17

综合对技术创新数量、质量和决策三个维度影响的考察，上述实证结果验证了第二章提出的研究假设 2.1.1 和研究假设 2.2.1，即商业信用的获得和提供分别促进了企业的技术创新。

第二节　商业信用影响技术创新的实证检验
——基于上市企业数据分析

一　样本与数据来源

（一）样本

本部分样本选取 1998—2016 年中国 A 股上市公司，数据来源于 Wind 数据库，并使用国泰安（CSMAR）数据库进行校准，企业专利信息来源于国泰安数据库。根据已有经验，首先对数据做了以下处理：（1）由于金融类企业会计报表较为特殊，剔除金融类企业数据；（2）剔除数据缺失严重的公司样本；（3）剔除商业信用数据缺失和异常（获得商业信用指标大于1，提供商业信用指标大于1）的公司样本；（4）对含有异常值的变量进行了1%分位及99%分位的缩尾处理。最终得到 22629 个观测值。

（二）变量定义

被解释变量技术创新沿用上一节的度量方法，使用专利申请数量来衡量，并区分技术创新类型。为控制年度专利申请数量有些年份为零的问题，在将各类专利申请数值加 1 之后取自然对数，得到发明专利 $Inno\_i$、实用新型专利 $Inno\_u$ 和外观设计专利 $Inno\_d$。专利申请总量指标 $Inno$ 为三类专利申请数的加总，同样，数值加 1 后取自然对数。

关键解释变量为获得商业信用（AP）与提供商业信用（AR）。由于上市企业数据库指标汇报更为全面，本书借鉴陆正飞和杨德明（2011）以及陈胜蓝和刘晓玲（2018）等的方法，使用应付账款、应付票据与预收账款之和除以总资产来衡量获得商业信用；使用应收账款、应收票据与预付账款之和除以总资产来衡量提供商业信用。

控制变量包括：公司规模 $Size$，使用公司总资产的对数来衡量；公司盈利能力 ROA，用资产收益率来衡量；公司负债水平 Lev，以资产负债率表示；偿债能力 Liq，用流动比率衡量；成长能力 $SalesGrowth$，用营业收入同比增长率来衡量，即企业当年销售额的变化值与上一年度销售额之比。同时，企业年龄可能影响企业的创新活动，因而本书对企业的年龄加以控制，企业年龄为当前年份加1并减去企业成立年份。此外，模型中还控制了行业和所有权虚拟变量。

变量说明详见表3.2.1。

表3.2.1　　　　　　　　变量定义

变量代码	变量定义	来源	处理
$Inno$	专利申请总数	CSMAR	加1取对数
$Inno\_i$	发明专利申请数	CSMAR	加1取对数
$Inno\_u$	实用新型专利申请数	CSMAR	加1取对数
$Inno\_d$	外观设计专利申请数	CSMAR	加1取对数
AR	提供商业信用=（应收账款+应收票据+预付账款）/总资产	Wind	
AP	获得商业信用=（应付账款+应付票据+预收账款）/总资产	Wind	
$Size$	资产总计	Wind	取对数
Age	当前年份+1-成立年份	Wind	$\ln(Age+1)$
$SalesGrowth$	企业当年销售额的变化值与上一年度销售额之比（营业收入同比增长率）	Wind	双边缩尾
ROA	净利润/总资产	Wind	双边缩尾
Lev	资产负债率=总负债/总资产	Wind	双边缩尾
Liq	流动比率=流动资产/流动负债	Wind	双边缩尾
$Industry$	行业代码虚拟变量	Wind	
SOE	产权所有制虚拟变量	Wind	

二 现状分析

（一）创新情况

选取的 22629 个数据样本中，有 5617 个样本的专利申请总数为 0，没有符合条件的技术创新产出，占总样本的 24.82%。观察图 3.2.1 可以看出，1998—2016 年我国 A 股上市公司企业专利申请数量逐年增长趋势明显，尤其是从 2004 年以来，增长较为迅速。

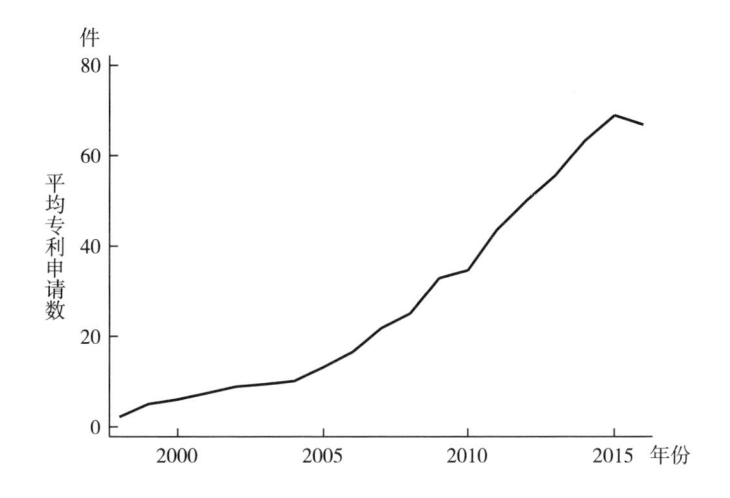

图 3.2.1　1998—2016 年 A 股上市公司平均专利申请数

（二）商业信用情况

总体来看，样本期间 A 股上市公司提供商业信用和获得商业信用较为平稳，占总资产比重的均值分别为 0.1736 和 0.1625（具体使用情况见图 3.2.2）。

三 实证检验与结果分析

（一）创新产出

对所选取的变量进行描述性统计分析。如表 3.2.2 所示，专利申请总数均值为 2.08，发明专利申请数均值为 1.37，实用新型专利申请数均值为 1.38，外观设计专利申请数均值为 0.56，可以看出发明专利申请数与实用新型专利申请数较多，外观设计专利申请数相对而言比较少，说明上市企业高质量创新数量多于低质量创新。

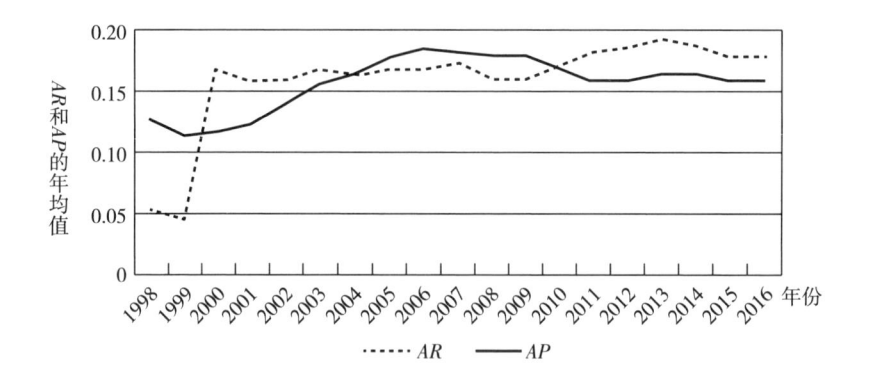

图 3.2.2 1998—2016 年 A 股上市公司商业信用使用情况

表 3.2.2　　　　　　　　变量描述性统计分析

变量	均值	方差	最大值	最小值	10分位数	50分位数	90分位数
$Inno$	2.08	1.66	9.30	0	0	2.08	4.25
$Inno\_i$	1.37	1.42	8.68	0	0	1.10	3.37
$Inno\_u$	1.38	1.50	8.71	0	0	1.10	3.50
$Inno\_d$	0.56	1.07	6.53	0	0	0	2.20
AR	0.17	0.12	0.97	0	0.04	0.16	0.33
AP	0.16	0.12	0.98	0	0.04	0.13	0.33
$Size$	21.75	1.28	28.51	17.05	20.36	21.57	23.42
Age	2.71	0.38	4.22	0.69	2.20	2.77	3.14
$SalesGrowth$	0.17	0.35	1.93	−0.57	−0.17	0.12	0.52
ROA	0.06	0.07	0.27	−0.19	0.01	0.06	0.14
Lev	0.45	0.22	1.06	0.05	0.16	0.44	0.73
Liq	2.39	2.77	18.32	0.26	0.72	1.51	4.73

1. 基准回归模型

为估计商业信用的获得和提供对技术创新的影响，本书分别使用专利申请总数 Inno、发明专利申请数 Inno_i、实用新型专利申请数 Inno_u 和外观设计专利申请数 Inno_d 四个维度的专利产出进行实证检验。被解释变量存在单边截尾问题，因而使用 Tobit 模型进行实证回归。

$$Inno_{i,t+1} = \alpha + \beta AR_{i,t} + \gamma AP_{i,t} + \delta Controls_{i,t} + \sum year + \sum industry + \varepsilon_{i,t} \quad (3.2.1)$$

$$Inno\_i_{i,t+1} = \alpha + \beta AR_{i,t} + \gamma AP_{i,t} + \delta Controls_{i,t} + \sum year + \sum industry + \varepsilon_{i,t} \quad (3.2.2)$$

$$Inno\_u_{i,t+1} = \alpha + \beta AR_{i,t} + \gamma AP_{i,t} + \delta Controls_{i,t} + \sum year + \sum industry + \varepsilon_{i,t} \quad (3.2.3)$$

$$Inno\_d_{i,t+1} = \alpha + \beta AR_{i,t} + \gamma AP_{i,t} + \delta Controls_{i,t} + \sum year + \sum industry + \varepsilon_{i,t} \quad (3.2.4)$$

其中，AR 为企业提供商业信用，AP 为企业获得商业信用，Controls 为控制变量，具体为前文列出的可能影响企业创新产出的各项变量。另外，本书对行业和年度固定效应加以控制。表 3.2.3 为基准回归结果，报告了模型（3.2.1）至模型（3.2.4）的回归结果。

表 3.2.3　　　　　　　　　　　基准回归结果

变量	Inno	Inno_i	Inno_u	Inno_d
AP	2.519***	1.458***	3.274***	4.772***
	(0.292)	(0.280)	(0.318)	(0.528)
AR	3.531***	3.528***	3.955***	1.540***
	(0.269)	(0.264)	(0.295)	(0.439)
控制变量	控制	控制	控制	控制
观测值	22618	22618	22618	22618
Pseudo R^2	0.084	0.099	0.091	0.025

从表 3.2.3 的回归结果可以看出，获得商业信用（AP）与提供商业信用（AR）的系数在每一列中都为正，并且均在 1% 的水平上显著，这意味着企业获得商业信用与提供商业信用整体上均能促进技术创新。观察 AR 四列的回归系数可以发现，企业提供商业信用主要促进了发明专利和实用新型专利的申请，而对外观设计专利申请的促进效果弱于其他两类专利，这说明企业提供商业信用对技术创新的影响更多地体现在高质量创新的增加上。观察 AP 的回归系数发现，AP 在模型（3.2.4）中的系数高于在模型（3.2.2）和模型（3.2.3）中的系数，这说明企业获得商业信用主要促进了外观设计专利的产出，对发明专利和实用新型专利的促进作用相对较弱。

由于技术创新产出具有滞后性，分别将专利数据提前一期、二期、三期再进行基准回归，回归结果如表 3.2.4 至表 3.2.6 所示。专利提前一期、二期、三期所得到的结论与当期基准回归保持一致，回归结果稳健，即企业获得商业信用与提供商业信用都能提高专利产出，促进技术创新。同时，企业提供商业信用更有利于促进发明专利和实用新型专利增加，主要体现在规模较大企业能利用提供商业信用促进发明专利产出。而获得商业信用更有利于促进外观设计专利的增加。这进一步印证了提供商业信用促进企业高质量创新，获得商业信用促进低质量创新。

表 3.2.4　　　　　　　　　　$t+1$ 期基准回归结果

变量	$Inno$	$Inno\_i$	$Inno\_u$	$Inno\_d$
AP	2.767***	1.720***	3.490***	5.305***
	(0.319)	(0.300)	(0.341)	(0.569)
AR	3.800***	3.743***	4.170***	1.620***
	(0.298)	(0.287)	(0.320)	(0.477)
控制变量	控制	控制	控制	控制
观测值	19738	19738	19738	19738
Pseudo R^2	0.088	0.101	0.093	0.030

表 3.2.5　　　　　　　　　　$t+2$ 期基准回归结果

变量	Inno	Inno_i	Inno_u	Inno_d
AP	2.724***	1.878***	3.685***	5.556***
	(0.304)	(0.317)	(0.361)	(0.587)
AR	2.986***	3.717***	4.079***	1.603***
	(0.272)	(0.306)	(0.342)	(0.507)
控制变量	控制	控制	控制	控制
观测值	17246	17246	17246	17246
Pseudo R^2	0.121	0.096	0.090	0.032

表 3.2.6　　　　　　　　　　$t+3$ 期基准回归结果

变量	Inno	Inno_i	Inno_u	Inno_d
AP	2.815***	2.085***	3.801***	5.585***
	(0.327)	(0.338)	(0.382)	(0.623)
AR	2.949***	3.689***	4.043***	1.880***
	(0.292)	(0.329)	(0.368)	(0.536)
控制变量	控制	控制	控制	控制
观测值	15030	15030	15030	15030
Pseudo R^2	0.116	0.090	0.086	0.032

（二）创新效率

本书在考察商业信用对企业创新的影响过程中，除了关注对创新产出的影响，还关注对创新效率的影响①，创新效率体现企业对研发投入的利用是否高效。本部分参考 Hirshleifer 等（2013）和董会忠等（2021）的方法，以单位研发支出转化的专利授权数量为代理变量，构建企业创新效率度量指标。专利从申请审查到授权需要较长的时间周期，一般而言发明专利实质审查生效后还需要 6—18 个月才能获得授权，实用新型专利和外观设计专利则需要 6—10 个

---

① 工业企业数据库仅汇报了 3 年的研发投入变量数据，年限太短，所以并未对其创新效率进行分析。

月获得授权,因此专利产出受到前期研发投入的影响,且由于存在路径依赖,创新效率需考虑多期研发投入积累,这里分别设计四期研发创新效率。具体构建公式为:

$$innoeff01 = \frac{patent_{i,t+1}}{rde_{i,t} + 0.8 \times rde_{i,t-1}}$$

$$innoeff02 = \frac{patent_{i,t+1}}{rde_{i,t} + 0.8 \times rde_{i,t-1} + 0.6 \times rde_{i,t-2}}$$

$$innoeff03 = \frac{patent_{i,t+1}}{rde_{i,t} + 0.8 \times rde_{i,t-1} + 0.6 \times rde_{i,t-2} + 0.4 \times rde_{i,t-3}}$$

$$innoeff04 = \frac{patent_{i,t+1}}{rde_{i,t} + 0.8 \times rde_{i,t-1} + 0.6 \times rde_{i,t-2} + 0.4 \times rde_{i,t-3} + 0.2 \times rde_{i,t-4}}$$

其中,$innoeff01$ 表示一期创新效率,相同地,$innoeff04$ 表示四期创新效率。$patent_{i,t+1}$ 表示企业 i 在第 $t+1$ 期专利授权总量,rde 表示企业研发费用。企业研发创新效率反映企业在一定的研发投入下能够产出专利的数量,研发创新效率越高,说明同样的研发投入,产生的授权专利越多。为剔除离群值,对变量进行了 1% 的缩尾处理。表 3.2.7 是创新效率的描述性统计分析。

表 3.2.7 创新效率的描述性统计

变量	观测值	均值	标准差	最小值	最大值
$innoeff01$	7848	0.5331	0.8723	0	5.7413
$innoeff02$	5901	0.3676	0.5469	0	3.4368
$innoeff03$	4118	0.3086	0.4486	0	2.7387
$innoeff04$	2434	0.2740	0.3767	0	2.2775

根据基准模型,使用上市公司整体样本对创新效率进行回归,整体回归结果显示(见表 3.2.8),获得商业信用(AP)对创新效率的回归系数均为正,且通过显著性检验,表明获得商业信用对企业创新效率的提升有正向促进作用,而提供商业信用(AR)仅使一期创新效率的回归系数为负,且在 10% 的水平上显著,对二期之后的创新效率无显著影响。因此,企业提升创新效率主要通过获得商

业信用来实现。为进一步探究获得商业信用如何能够促进创新效率,将整体样本进行分组并区分所有制来考察不同所有制下商业信用对企业创新效率的影响差异(见表3.2.9)。

表3.2.8　　　　　　　不同滞后期创新效率回归结果

变量	$innoeff01$	$innoeff02$	$innoeff03$	$innoeff04$
AP	0.408**	0.369***	0.298**	0.309**
	(0.193)	(0.141)	(0.129)	(0.138)
AR	-0.266*	-0.141	-0.067	-0.003
	(0.149)	(0.102)	(0.091)	(0.091)
控制变量	控制	控制	控制	控制
常数项	1.378***	1.042***	0.815***	0.780***
	(0.422)	(0.294)	(0.262)	(0.255)
观测值	7848	5901	4118	2434
Pseudo R^2	0.011	0.012	0.016	0.027

表3.2.9　商业信用影响不同所有制企业技术创新效率的回归结果

	国有企业				民营企业			
	$innoeff01$	$innoeff02$	$innoeff03$	$innoeff04$	$innoeff01$	$innoeff02$	$innoeff03$	$innoeff04$
AP	0.250	0.249	0.140	0.132	0.447	0.425*	0.421**	0.462**
	(0.296)	(0.209)	(0.190)	(0.206)	(0.301)	(0.229)	(0.208)	(0.218)
AR	-0.264	-0.161	-0.0764	0.0513	-0.323*	-0.194	-0.142	-0.101
	(0.302)	(0.203)	(0.180)	(0.187)	(0.184)	(0.127)	(0.111)	(0.113)
控制变量	控制	控制	控制	控制	控制	控制	控制	控制
常数项	1.586**	0.916*	0.786*	0.712	1.826***	1.418***	0.958**	0.746*
	(0.791)	(0.526)	(0.468)	(0.459)	(0.615)	(0.447)	(0.405)	(0.414)
观测值	2526	1905	1319	773	4569	3434	2408	1430
Pseudo R^2	0.014	0.015	0.022	0.027	0.010	0.013	0.014	0.026

分组回归结果显示,获得商业信用对技术创新效率的正向促进效应只对民营企业显著,对国有企业并不显著。本书认为由于中国信贷市场中存在"所有权歧视"和"规模歧视"问题,相比国有企业,

民营企业普遍存在严重的融资约束现象。面临融资约束的民营企业在资金约束得到一定程度的缓解后，为求发展，往往会更加注重投资回报，在技术创新投资上，会更加注重研发的产出投入比，所以，获得商业信用能在一定程度上提升民营企业的技术创新效率。

第三节　商业信用影响技术创新的实证检验
——进一步稳健性分析

一　增加控制变量

为进一步增强回归结果的稳健性，本部分增加企业 R&D 投入（RD）、银行贷款（$Bank$）、政府补贴（$Subsidies$）三个与企业技术创新行为有密切联系的控制变量。被解释变量区分了不同类型的专利申请情况，$Inno$ 为专利申请总量，$Inno\_i$ 为发明专利申请数量，代表高质量技术创新，$Inno\_ud$ 为实用新型和外观设计专利申请数量之和，代表低质量技术创新。

上市企业数据中 R&D 投入数据从 2007 年才开始汇报，所以本节的样本期间为 2007—2017 年。新增控制变量后，VIF 检验结果表明不存在变量间的多重共线性。表 3.3.1 汇报了增加控制变量后的回归结果。可以看出，获得与提供商业信用对创新有显著的促进作用。其中，获得商业信用对非发明专利的促进作用更大，提供商业信用对发明专利的促进作用更大。与之前结论一致，即提供和获得商业信用均能促进技术创新。

表 3.3.1　　　　　　　增加控制变量后的回归结果

变量	$Inno$	$Inno\_i$	$Inno\_ud$	$Inno$ $(t+1)$	$Inno\_i$ $(t+1)$	$Inno\_ud$ $(t+1)$
AP	2.081***	1.048***	2.917***	1.926***	0.773***	2.858***
	(0.114)	(0.117)	(0.133)	(0.138)	(0.141)	(0.163)

续表

变量	Inno	Inno_i	Inno_ud	Inno (t+1)	Inno_i (t+1)	Inno_ud (t+1)
AR	1.228***	1.442***	1.130***	1.204***	1.492***	1.057***
	(0.096)	(0.099)	(0.112)	(0.118)	(0.120)	(0.138)
Size	0.649***	0.677***	0.588***	0.625***	0.656***	0.559***
	(0.011)	(0.011)	(0.013)	(0.014)	(0.014)	(0.016)
ROA	0.371*	0.229	−0.310	−0.591**	−0.356	−1.244***
	(0.215)	(0.221)	(0.251)	(0.254)	(0.259)	(0.298)
Lev	−1.042***	−0.854***	−1.122***	−1.116***	−0.922***	−1.134***
	(0.088)	(0.091)	(0.103)	(0.107)	(0.109)	(0.125)
Age	−0.089***	−0.036*	−0.131***	−0.082***	0.003	−0.141***
	(0.018)	(0.019)	(0.021)	(0.027)	(0.027)	(0.031)
Liq	−0.014***	0.004	−0.029***	−0.020***	−0.002	−0.029***
	(0.005)	(0.005)	(0.006)	(0.007)	(0.007)	(0.008)
SalesGrowth	0.014	0.015	0.017	−0.198***	−0.156***	−0.209***
	(0.021)	(0.022)	(0.024)	(0.026)	(0.026)	(0.031)
RD	10.243***	12.333***	6.216***	8.647***	10.618***	5.053***
	(0.453)	(0.467)	(0.529)	(0.524)	(0.535)	(0.616)
Bank	4.821	−0.008	7.969	9.908	7.898	9.073
	(5.379)	(5.540)	(6.276)	(6.781)	(6.919)	(7.977)
Subsidies	10.579***	12.689***	8.940***	9.586***	10.812***	7.927***
	(1.048)	(1.080)	(1.223)	(1.167)	(1.190)	(1.372)
常数项	−12.454***	−13.742***	−11.767***	−11.920***	−13.405***	−10.974***
	(0.255)	(0.262)	(0.297)	(0.319)	(0.326)	(0.375)
观测值	12292	12292	12292	8342	8342	8342
R^2	0.385	0.363	0.314	0.351	0.339	0.279

二 被解释变量更换为专利授权数

为进一步增强回归结果的稳健性,再将专利申请数量更换为专利授权数。其中,GRANTS 为企业专利授权数,GRANT_I 为企业发明专利授权数,GRANT_UD 为企业非发明专利授权数。表3.3.2分别是对企业专利授权数、发明专利授权数以及非发明专利授权数的回归结果。总体上,获得与提供商业信用对专利授权数有显著的促进作用。其中,获得商业信用对企业非发明专利的促进作用较大,提供商业信用对发明专利的促进作用较大。这与前两节的研究结果一致。

表 3.3.2　　　　　　　　替换被解释变量的回归结果

变量	GRANTS	GRANT_I	GRANT_UD
AP	2.168***	0.756***	2.882***
	(0.111)	(0.109)	(0.133)
AR	1.104***	1.297***	0.985***
	(0.094)	(0.092)	(0.113)
Size	0.608***	0.595***	0.570***
	(0.011)	(0.011)	(0.013)
ROA	-0.499**	-0.561***	-0.781***
	(0.212)	(0.208)	(0.255)
Lev	-1.110***	-0.886***	-1.148***
	(0.087)	(0.085)	(0.104)
Age	-0.088***	0.009	-0.135***
	(0.018)	(0.017)	(0.021)
Liq	-0.020***	0.006	-0.029***
	(0.005)	(0.005)	(0.006)
SalesGrowth	-0.041**	-0.063***	-0.0190
	(0.021)	(0.020)	(0.025)
RD	8.040***	9.583***	5.481***
	(0.439)	(0.429)	(0.527)
Bank	2.380	-5.682	5.981
	(5.295)	(5.179)	(6.357)
Subsidies	9.032***	10.70***	8.139***
	(1.014)	(0.992)	(1.217)

续表

变量	GRANTS	GRANT_I	GRANT_UD
常数项	-11.50*** (0.260)	-12.61*** (0.254)	-10.99*** (0.312)
观测值	11555	11555	11555
R^2	0.372	0.354	0.291

三 准自然实验分析

需要注意的是，不仅商业信用会影响企业的技术创新，技术创新也会影响商业信用。技术创新水平较高的企业可能会受到合作企业更多的信任，从而会获得更多的商业信用。同时，随着技术创新能力的提升，成长型的企业为继续占领市场，也会提供商业信用，以提高自己的竞争力及争取进一步的发展空间。因此，商业信用和企业技术创新之间可能存在内生性问题。在前两节的实证检验中，本书主要采用跨期模型进行内生性的控制，在本部分中，将采用准自然实验法来控制可能存在的内生性问题。

为保证结果的有效性，本部分将以2007年中国《物权法》的出台作为准自然实验，对样本进行分组，构造实验组与对照组，采用双重差分法（Difference in Difference，DID）评估商业信用对企业技术创新的影响。具体而言，选择1997—2017年在上海证券交易所以及深圳证券交易所上市的公司作为研究对象，借鉴钱雪松和方胜（2019）一文，将《物权法》出台前后企业获得与提供商业信用的数据分为最高1/3、中间1/3以及最低1/3，将最高的1/3作为实验组，最低的1/3作为对照组，并运用年份、个体的双向固定效应进行双重差分的实证检验。

具体模型如下：

$$Inno_{fy} = \beta \times treated \times time + \beta_1 \times time + \beta_2 \times treated + \lambda_y + \lambda_{idd} + \gamma \times X + \varepsilon_{fy} \qquad (3.3.1)$$

其中，被解释变量分为企业专利申请总量、发明专利申请量以及非发明专利申请量。β 系数在本章刻画了在《物权法》出台前后,商业信用的使用对企业技术创新的影响。如果 $\beta>0$,表明在《物权法》颁布前后,获得或者提供商业信用较多的企业有更好的技术创新表现,即商业信用促进了企业的技术创新;反之则表明抑制了企业的技术创新。*treated* 是分组的虚拟变量,如果处在实验组则取 1,如果处在对照组则取 0。*time* 为时间虚拟变量,在 2007 年以前取 0,2007 年及以后取 1。此外,还应用了上文所述的控制变量,具体包括:企业规模(*Size*)、资产收益率(*ROA*)、资产负债率(*Lev*)、企业年龄(*Age*)、流动比率(*Liq*)以及营业收入同比增长率(*SalesGrowth*)。

(一) 平行趋势检验

双重差分估计是否有效的一个重要假设前提就是被解释变量需要满足共同趋势假设,就是在外来政策冲击发生之前,实验组与对照组企业的被解释变量(本书为企业技术创新)沿着相同的趋势变化。为此,本书对专利申请总量、发明专利数、非发明专利数在 Stata 软件中进行了平行趋势检验,检验结果显示在政策之前数据均符合平行趋势的假设。为了直观地显示出平行趋势状况,将平行趋势图绘制在图 3.3.1 中。本书还涉及应用专利的滞后项分析,因此将专利申请总量滞后一期、发明专利滞后二期以及非发明专利滞后一期进行了平行趋势检验,并将平行趋势检验图绘制在图 3.3.2 中。由图可以看出冲击前几年的值都在 0 附近,并且在 95% 的置信区间内系数是不显著的,通过平行趋势检验;而在 2007 年之后波动比较大,系数显著。

为了更进一步地体现出实验组与对照组在《物权法》出台后的变化趋势,本书对实验组与对照组绘制了趋势图,通过图 3.3.3 和图 3.3.4 可以看出,不论是按获得商业信用还是按提供商业信用来设定实验组和对照组,在 2007 年后两组都有不同程度的变化。其中,实验组的专利上升趋势要好于对照组。这初步显示出,在《物权法》实施后提供和获得商业信用都促进了企业的技术创新。

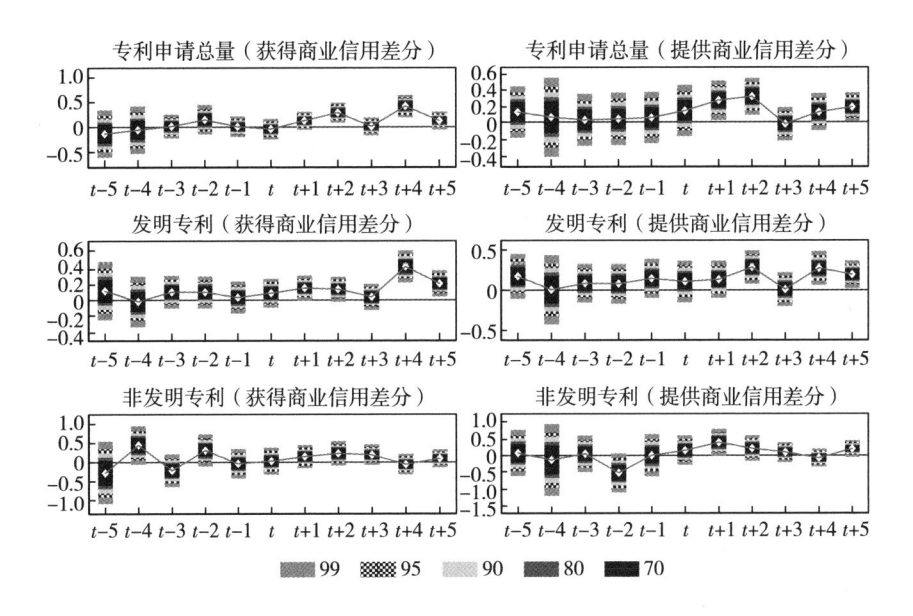

图 3.3.1　专利平行趋势检验

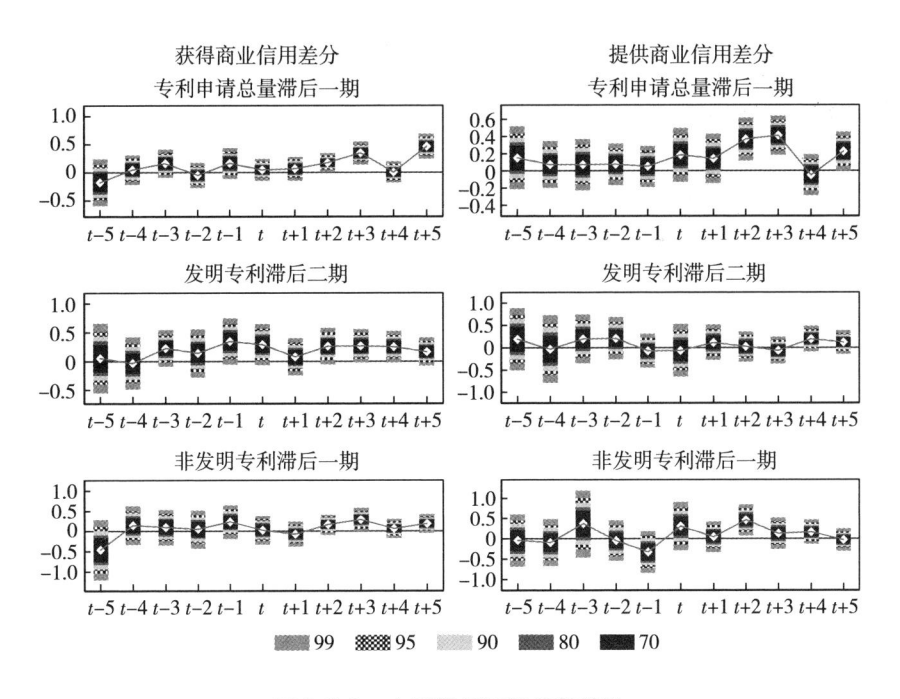

图 3.3.2　专利滞后平行趋势检验

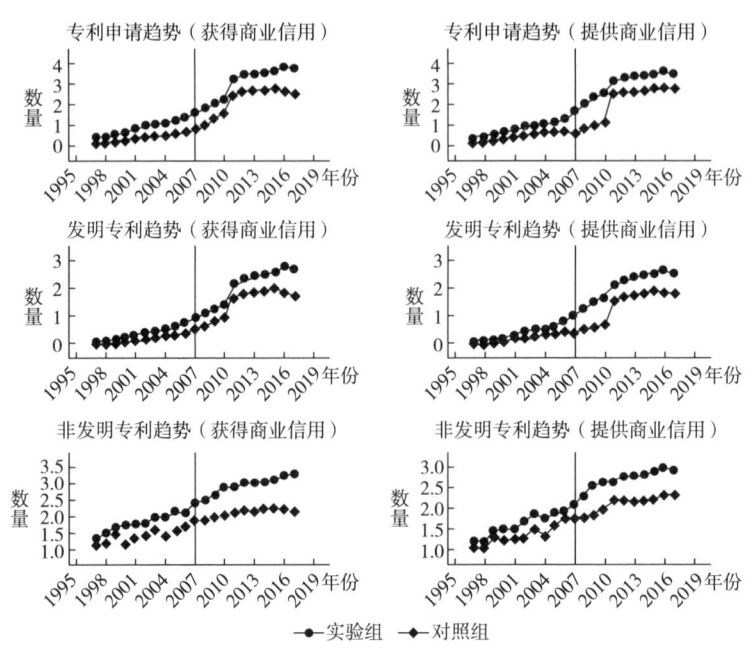

图 3.3.3 专利对照示意

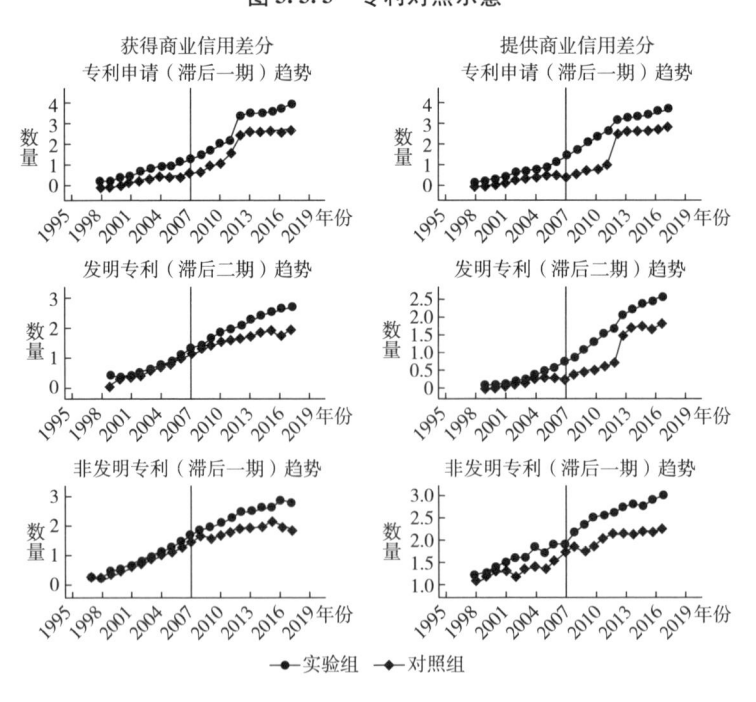

图 3.3.4 专利滞后对照示意

（二）DID 模型回归

为了更为全面与准确地识别出《物权法》出台前后，商业信用对技术创新的影响，本书不仅对商业信用的获得进行了差分检验，也对商业信用的提供进行了分组差分检验，做到了从商业信用的提供和获得两个方面来进行双重差分的实证研究。在企业技术创新层面，设置了多个指标，主要包括企业专利申请总量、发明专利申请量以及非发明专利申请量。企业专利申请总量可以反映企业创新的数量，企业发明专利申请量可以体现企业创新质量。并且，本书在实证研究中运用了固定效应下的双重差分模型。

表3.3.3 报告了提供商业信用的实验组与对照组，在《物权法》出台前后对企业技术创新影响的回归结果。第（1）列和第（2）列是企业专利申请总量的结果，第（3）列和第（4）列是发明专利的实证结果，第（5）列和第（6）列是非发明专利的结果。表格的第（1）列、第（3）列、第（5）列只对企业的年份以及行业进行控制，结果显示，差分项均显著为正，这初步表明提供商业信用较多的企业在《物权法》出台后有较多的创新产出。第（2）列、第（4）列、第（6）列在此基础上，添加了一系列的控制变量来控制企业内部的影响因素，结果表明，差分项系数依旧显著为正。这进一步证实了提供商业信用对企业技术创新有正向的促进作用。

表3.3.3　提供商业信用对技术创新影响的回归结果

变量	（1）	（2）	（3）	（4）	（5）	（6）
	$Inno$	$Inno$	$Inno\_i$	$Inno\_i$	$Inno\_ud$	$Inno\_ud$
DID	0.478***	0.308***	0.509***	0.382***	0.576***	0.427***
	（-0.043）	（0.037）	（0.038）	（0.034）	（0.038）	（0.038）
time	1.731***	1.946***	1.278***	1.354***	1.824***	1.400***
	（-0.031）	（0.068）	（0.027）	（0.063）	（0.070）	（0.070）
treated	0.466***	0.212***	0.170***	-0.075***	0.395***	0.231***
	（-0.035）	（0.032）	（0.030）	（0.029）	（0.031）	（0.033）

续表

变量	(1)	(2)	(3)	(4)	(5)	(6)
	Inno	Inno	Inno_i	Inno_i	Inno_ud	Inno_ud
AR		1.656***		1.490***		1.429***
		(0.072)		(0.066)		(0.074)
控制变量	不控制	控制	不控制	控制	不控制	控制
观测值	20449	18586	20450	18592	20452	18592
R^2	0.333	0.586	0.275	0.511	0.405	0.488

表3.3.4报告了获得商业信用的实验组与对照组，在《物权法》出台前后对企业技术创新影响的回归结果。以获得商业信用较高的一组为实验组，获得较少的一组为对照组，该表报告了相对于对照组而言实验组的实证结果。可以看出，不管是对专利申请总量还是对发明专利进行单独差分项回归，都为显著的正相关关系。这初步显示出《物权法》出台后，获得商业信用更能促进技术创新产出的增加。在加入一定的控制变量后，差分项依旧显著为正，结果稳健（详见表3.3.4第3列、第5列、第7列）。

表3.3.4　　　获得商业信用对技术创新影响的回归结果

变量	Inno	Inno	Inno_i	Inno_i	Inno_ud	Inno_ud
DID	0.491***	0.452***	0.537***	0.534***	0.449***	0.421***
	(-0.038)	(-0.037)	(-0.034)	(-0.034)	(0.038)	(0.038)
time	2.420***	1.555***	1.740***	1.008***	1.874***	1.096***
	(-0.07)	(-0.067)	-0.063	(-0.062)	(0.071)	(0.069)
treated	0.193***	0.353***	0.044	0.180***	0.198***	0.309***
	(-0.031)	(-0.03)	(-0.028)	(-0.028)	(0.031)	(0.031)
AP		0.958***		0.531***		1.159***
		(-0.067)		(-0.062)		(0.069)
控制变量	不控制	控制	不控制	控制	不控制	控制
观测值	20343	18569	20343	18569	20343	18569

续表

变量	Inno	Inno	Inno_i	Inno_i	Inno_ud	Inno_ud
R^2	0.481	0.591	0.401	0.515	0.378	0.491

注：第3列是在前一列回归模型基础上增加 AP 解释变量和其他控制变量的回归结果，第5、第7列与此相同。

提供与获得商业信用对企业当期专利申请总量与发明专利申请量有正向的促进效应，并且通过了1%的显著性检验。因此，商业信用不仅显著促进了企业创新的数量，而且也提高了企业的创新质量。这支持了商业信用的使用有利于企业技术创新的理论假设。

下面考虑专利申请可能存在滞后的情况。表3.3.5和表3.3.6汇报的是提供商业信用与获得商业信用分别对技术创新的滞后影响结果。结果表明，差分项显著为正，即使用商业信用较多的企业有更好的创新表现。通过系数大小的对比可以发现，提供商业信用对发明专利（高质量创新）的促进作用要大于非发明专利（低质量创新），而获得商业信用的影响反之，即获得商业信用对非发明专利的促进作用大于发明专利，进一步说明提供商业信用更有利于高质量创新，而获得商业信用更有利于低质量创新。这一结果与前两节中的研究结论保持一致，进一步说明实证研究结果稳健。

表3.3.5　提供商业信用对技术创新滞后影响的回归结果

变量	Inno	Inno	Inno_i	Inno_i	Inno_ud	Inno_ud
DID	0.450*** (0.040)	0.330*** (0.037)	0.506*** (0.103)	0.371*** (0.090)	0.558*** (0.040)	0.439*** (0.037)
time	2.506*** (0.072)	2.054*** (0.068)	1.731*** (0.346)	1.336*** (0.301)	1.896*** (0.071)	1.494*** (0.070)
treated	0.336*** (0.033)	0.166*** (0.032)	0.051 (0.099)	-0.204** (0.087)	0.353*** (0.558)	0.196*** (0.032)
AR		1.598*** (0.072)		1.822*** (0.112)		1.333*** (0.073)
控制变量	不控制	控制	不控制	控制	不控制	控制
观测值	18527	18467	8573	8568	18527	18467

续表

变量	Inno	Inno	Inno_i	Inno_i	Inno_ud	Inno_ud
R^2	0.490	0.579	0.177	0.380	0.400	0.481

注：第3、第5、第7列分别是在第2、第4、第6列基础上增加控制变量的回归结果。表3.3.6、表3.3.7和表3.3.8与此相同。

表3.3.6　　获得商业信用对技术创新滞后影响的回归结果

变量	Inno	Inno	Inno_i	Inno_i	Inno_ud	Inno_ud
DID	0.552***	0.495***	0.316***	0.269***	0.493***	0.444***
	(0.040)	(0.036)	(0.104)	(0.091)	(0.040)	(0.037)
time	2.439***	1.635***	1.819***	1.301***	1.895***	1.174***
	(0.071)	(0.067)	(0.342)	(0.296)	(0.071)	(0.068)
treated	0.162***	0.307***	0.127	0.402***	0.167***	0.263***
	(0.032)	(0.030)	(0.099)	(0.087)	(0.032)	(0.030)
AP		0.852***		0.330***		1.072***
		(0.066)		(0.124)		(0.067)
控制变量	不控制	控制	不控制	控制	不控制	控制
观测值	18563	18506	8459	8454	18563	18506
R^2	0.482	0.586	0.151	0.368	0.382	0.485

（三）稳健性与反事实检验

1. 更换商业信用替代指标

为加强回归结果的稳健性，本部分更换了商业信用的衡量指标，获得商业信用（AP1）采用"（应付账款+应付票据+预收账款）/营业成本"来衡量，提供商业信用（AR1）采用"（应收账款+应收票据+预付账款）/营业收入"来衡量。表3.3.7和表3.3.8的回归结果显示，差分项系数显著为正，与上面回归结果一致。

表3.3.7　　更换获得商业信用指标的回归结果

变量	Inno	Inno	Inno_i	Inno_i	Inno_ud	Inno_ud
DID	0.279***	0.176***	0.248***	0.166***	0.393***	0.332***
	(0.038)	(0.037)	(0.034)	(0.034)	(0.042)	(0.041)

续表

变量	*Inno*	*Inno*	*Inno_i*	*Inno_i*	*Inno_ud*	*Inno_ud*
time	2.792***	2.075***	2.133***	1.563***	2.211***	1.482***
	(0.072)	(0.071)	(0.065)	(0.064)	(0.080)	(0.082)
treated	0.038	0.037	-0.034	-0.066**	0.145***	0.056
	(0.030)	(0.033)	(0.027)	(0.030)	(0.034)	(0.036)
AP1		0.248***		0.314***		0.471***
		(0.033)		(0.030)		(0.046)
控制变量	不控制	控制	不控制	控制	不控制	控制
观测值	19501	17743	19501	17743	17686	16197
R^2	0.479	0.567	0.399	0.499	0.360	0.454

表 3.3.8 更换提供商业信用指标的回归结果

变量	*Inno*	*Inno*	*Inno_i*	*Inno_i*	*Inno_ud*	*Inno_ud*
DID	0.315***	0.344***	0.278***	0.300***	0.286***	0.337***
	(0.041)	(0.040)	(0.037)	(0.036)	(0.042)	(0.042)
time	2.809***	1.812***	2.190***	1.365***	2.278***	1.336***
	(0.079)	(0.080)	(0.071)	(0.072)	(0.080)	(0.083)
treated	-0.126***	0.116***	-0.088***	0.147***	-0.107***	0.085**
	(0.033)	(0.034)	(0.030)	(0.031)	(0.034)	(0.035)
AR1		0.190***		0.070*		0.292***
		(0.040)		(0.036)		(0.042)
控制变量	不控制	控制	不控制	控制	不控制	控制
观测值	17584	16087	17584	16087	17571	16076
R^2	0.470	0.568	0.401	0.513	0.362	0.459

2. 对照组、实验组构造方法的稳健性检验

前文分析中将获得或者提供商业信用最高的 1/3 作为实验组，将最低的 1/3 设置为对照组。本部分将改变对照组的构造方法进行相关检验。选取商业信用的中位数作为新的分组标准，将获得商业信用与提供商业信用各分为高 1/2 组与低 1/2 组，将高值组也就是

使用商业信用较多的组作为实验组,将低值组作为对照组。表 3.3.9 结果显示,在二分法下差分项系数仍然显著为正,与上文结果相同。这表明在二分法下,《物权法》颁布后,使用商业信用较多的企业的专利申请数量与专利申请质量要多于使用商业信用较少的企业。换言之,商业信用的使用促进了企业的技术创新。

表 3.3.9　　　　　　　　二分法下 DID 回归结果

变量	获得商业信用差分			提供商业信用差分		
	Inno	Inno_i	Inno_ud	Inno	Inno_i	Inno_ud
DID	0.248***	0.290***	0.334***	0.300***	0.363***	0.287***
	(0.030)	(0.027)	(0.031)	(0.0299)	(0.0273)	(0.0310)
time	1.993***	1.414***	1.437***	1.729***	1.182***	1.239***
	(0.055)	(0.050)	(0.057)	(0.0550)	(0.0503)	(0.0571)
treated	0.130***	-0.069***	0.150***	0.258***	0.142***	0.220***
	(0.025)	(0.023)	(0.026)	(0.0245)	(0.0224)	(0.0255)
AP	1.788***	1.520***	1.597***			
	(0.060)	(0.055)	(0.063)			
AR				1.288***	0.661***	1.543***
				(0.0603)	(0.0551)	(0.0626)
控制变量	控制	控制	控制	控制	控制	控制
观测值	28457	28457	28457	28457	28457	28457
R^2	0.568	0.498	0.458	0.571	0.501	0.460

在此基础上,进一步选取获得和提供商业信用的四分位数重新构建实验组与对照组,将最高的 1/4 作为实验组,将最低的 1/4 作为对照组,重新进行实证检验。表 3.3.10 显示各差分项依然显著为正,这说明在四分法下,商业信用对企业技术创新仍然表现出正向促进作用。

表 3.3.10　　　　　　　　四分法下 DID 回归结果

变量	获得商业信用差分			提供商业信用差分		
	Inno	*Inno_i*	*Inno_ud*	*Inno*	*Inno_i*	*Inno_ud*
DID	0.344***	0.449***	0.481***	0.556***	0.644***	0.502***
	(0.043)	(0.040)	(0.044)	(0.0426)	(0.0393)	(0.0436)
time	1.890***	1.318***	1.309***	1.469***	0.911***	1.034***
	(0.079)	(0.073)	(0.081)	(0.0761)	(0.0702)	(0.0778)
treated	0.240***	-0.098***	0.258***	0.380***	0.194***	0.319***
	(0.038)	(0.035)	(0.039)	(0.0346)	(0.0319)	(0.0354)
AP	1.554***	1.453***	1.300***			
	(0.082)	(0.075)	(0.084)			
AR				0.811***	0.497***	0.982***
				(0.0716)	(0.0661)	(0.0733)
控制变量	控制	控制	控制	控制	控制	控制
观测值	13813	13813	13813	13636	13636	13636
R^2	0.601	0.526	0.508	0.610	0.530	0.511

值得强调的是，如果分位数的识别策略为稳健性回归，那么实证结果应该有一定的剂量效应：当两组的分组占比存在差距后，差分项对创新的影响程度也会随之改变。通过对比表 3.3.9 与表 3.3.10 中差分项的系数大小可以发现，二分法下的回归系数比四分法下的回归系数要小，这意味着商业信用对技术创新的促进作用会随着商业信用占比差距而变化，差距越大，促进作用越强。

3. 进一步改变时间点以及缩小时间区间的反事实检验

借鉴方胜（2018）的处理方法，考虑到在《物权法》出台前后，会有其他政策的出台对实证结果产生干扰，采用调整时间窗口的反事实检验。首先，考虑到结果可能由《物权法》出台以前的其他外部事件导致，本阶段将事件时间点提前，保留 2005 年与 2006

年数据。具体地,将事件变量发生的时间调为2006年。检验结果(见表3.3.11)显示,无论是商业信用的获得还是提供对被解释变量的估计系数均不显著。这说明回归结果没有受《物权法》政策出台以前的政策影响。其次,将数据时间窗口缩小到2008年以内,排除"四万亿"政策的干扰。需要说明的是,虽然"四万亿"政策于2008年11月被提出,但考虑到政策的实施需要一定的时间,本书保留了2008年的数据。回归结果(见表3.3.12)显示,差分项对被解释变量有显著促进效应,并且在商业信用的提供方面有显著的变化,其中可能是因为《物权法》的出台对企业的应收账款做出保护后,提高了企业商业信用提供的主动性,进而促进了企业的创新动力与效率。基于以上分析可知,我国其他的宏观政策并没有影响到对企业技术创新的识别,回归结果具有稳健性。上述一系列实证研究验证了商业信用对技术创新具有显著的促进作用。

表 3.3.11　　　　　　　　提前政策时间的回归结果

变量	获得商业信用差分			提供商业信用差分		
	Inno	*Inno_i*	*Inno_ud*	*Inno*	*Inno_i*	*Inno_ud*
DID	0.031	0.032	0.062	−0.0270	0.0819	−0.0416
	(0.113)	(0.084)	(0.105)	(0.113)	(0.0873)	(0.104)
time	0.062	0.086	0.003	0.122	0.0667	0.0755
	(0.081)	(0.061)	(0.075)	(0.0806)	(0.0624)	(0.0739)
treated	0.393***	0.139**	0.392***	0.611***	0.340***	0.509***
	(0.089)	(0.066)	(0.082)	(0.0856)	(0.0662)	(0.0785)
AP	1.560***	1.129***	1.147***			
	(0.238)	(0.177)	(0.220)			
AR				0.725***	0.328**	0.764***
				(0.193)	(0.150)	(0.177)
控制变量	控制	控制	控制	控制	控制	控制
观测值	1703	1703	1703	1706	1706	1706
R^2	0.274	0.199	0.230	0.296	0.241	0.239

表 3.3.12　　　　　　　　缩小时间窗口的回归结果

变量	获得商业信用差分			提供商业信用差分		
	Inno	Inno_i	Inno_ud	Inno	Inno_i	Inno_ud
DID	0.412***	0.137**	0.474***	0.677***	0.442***	0.522***
	(0.075)	(0.061)	(0.072)	(0.0685)	(0.0558)	(0.0649)
AP	2.120***	1.603***	1.585***			
	(0.300)	(0.242)	(0.286)			
AR				0.674***	0.407***	0.647***
				(0.148)	(0.121)	(0.140)
控制变量	控制	控制	控制	控制	控制	控制
观测值	1835	1835	1835	1833	1833	1833
R^2	0.358	0.283	0.293	0.373	0.307	0.300

第四节　本章小结

继第二章理论分析之后，本章从实证角度来验证理论假设。本章首先选取样本量较为全面的工业企业数据库，从技术创新的三个维度（创新数量、创新质量以及创新决策）对商业信用影响技术创新的整体效果予以检验。工业企业数据库中的样本大部分为非上市企业，融资渠道受限，多通过信用贷款获得资金。而上市企业不仅可以通过信用贷款，还可以通过上市融资，使用商业信用的效果可能与普通非上市企业的效果存在差异，所以本章又采用上市公司数据库进行检验，从技术创新数量、创新质量以及创新效率三个维度，进一步从供需角度研究商业信用对技术创新的影响。在此基础上，为保证实证结果的稳健性，本章第三节从替代被解释变量、增加关键控制变量以及更换内生性检验方法多个角度对实证检验做了稳健性分析以保证实证结果稳健。

通过统计分析工业企业专利申请数量可以发现，中国工业企业的创新产出均值逐年增加。通过区分不同类型的专利申请数量可以发现，三种类型的专利申请数量年均值都呈现不断增长趋势，其中发明专利申请数量增速超过外观设计和实用新型专利的增速。不过在国际金融危机之后，后两者的增速又明显超过发明专利增速。本章认为，一方面，中国企业的创新意识在逐渐增强，尤其注重高技术含量的创新活动；另一方面，企业在面对大的经济冲击下，会更注重创新周期短、见效快的外观设计和实用新型技术创新。

回归分析商业信用对工业企业技术创新数量的影响可以发现，不管是提供商业信用还是获得商业信用，均能够促进企业技术创新产出的增加。其中，提供的促进作用比获得的促进作用更大。分析商业信用对创新质量的影响可以发现，获得商业信用主要促进了低质量的创新，而提供商业信用主要促进了高质量的创新。创新决策分析中，本章进一步验证了商业信用的提供和获得均促进了技术创新的研究假设。

分析上市企业数据，得到了与工业企业数据一致的研究结论，即商业信用的提供和获得均能促进技术创新的产出数量；提供商业信用更有利于高质量技术创新，而获得商业信用更有利于低质量技术创新。得益于上市企业数据库指标汇报更为全面，本章又对商业信用对创新效率展开回归分析，发现获得商业信用能够促进创新效率提升，而提供商业信用对技术创新效率的影响并不显著；进一步分析可以发现，获得商业信用显著促进民营企业的技术创新效率，而在国有企业中这一现象并不显著。

第三节进一步做了稳健性检验：一是新增三个控制变量，即企业 R&D 投入（RD）、银行贷款（$Bank$）、政府补贴（$Subsidies$），并且样本期间改为 2007—2017 年；二是将专利申请数量更换为专利授权数；三是以 2007 年中国《物权法》的出台作为准自然实验，对样本构造实验组与对照组，并采用双重差分法进行回归分析。稳健性分析进一步验证了商业信用提供与获得均有利于技术创新的理论假设。

第四章 商业信用影响技术创新的机制检验

第二章分别从获得商业信用和提供商业信用两个维度进行了商业信用对技术创新影响机制的理论阐述。本章将对理论机制进行计量分析,实证检验商业信用影响技术创新的作用机制。

第一节 机制衡量与检验方法介绍

一 机制衡量

本书所涉及的理论机制汇总如表 4.1.1 所示。

表 4.1.1　商业信用影响技术创新的机制及衡量方法

	影响机制		衡量方法
获得商业信用	融资效应	直接融资效应	是否影响 R&D 支出
		间接融资效应	是否缓解融资约束
	负债治理效应	代理成本效应	是否影响代理成本
		资本配置效应	是否影响非效率投资
提供商业信用		市场竞争效应	是否提高企业市场占有率
		质量保障效应	新产品销售收入是否增加
		信号效应	银行信贷是否增加
		强制性效应	不同规模大小的企业之间是否存在差异

二 方法介绍

本章关于机制效应的检验,主要采用中介效应模型。中介效应模型最初是在心理学研究中提出的一种验证性模型,该模型被广泛应用于诸多学科领域,比如经济学研究。该模型可以分析自变量对因变量影响的过程和作用机制,相比于单纯分析自变量影响的同类研究,不仅在方法上有一定进步,而且能够得到更为深入的结果,因而得到学者的青睐。中介效应模型基本原理介绍如下。

X、Y 和 M 分别代表自变量、因变量和中介变量。其中,中介变量 M 定义为:在考虑 X 对 Y 的影响时,如果 X 通过影响 M 进而对 Y 产生影响,这时就称 M 为中介变量。例如,"家庭社会经济地位"通过影响"家庭功能",进而影响"青少年疏离感"。有关中介效应模型的详细介绍见图4.1.1。

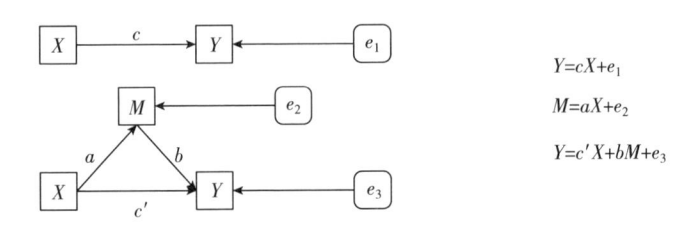

$$Y = cX + e_1$$
$$M = aX + e_2$$
$$Y = c'X + bM + e_3$$

图 4.1.1 中介效应检验模型

图4.1.1中,系数 c 是 X 对 Y 影响的总效应,系数 a 是 X 对 M 的效应,系数 b 表示为在控制了 X 的影响后 M 对 Y 的效应,系数 c' 表示为在控制了 M 的影响后 X 对 Y 影响的直接效应,e_1、e_2、e_3 是残差项。对于这样的简单中介效应模型,中介效应的影响等于间接效应,即等于系数乘积 ab,它与总效应和直接效应的关系表示为 $c = c' + ab$,中介效应的效果量常用 ab/c 或 ab/c' 来衡量。

而如何判断模型是否存在中介效应呢,首先 c、a 和 c' 显著,$c > c'$,并且影响符号符合逻辑,则存在中介效应;如果 c 显著,a 与 c' 中的一项不显著,则可以进行 Sobel – Goodman 检验。关于中介效应检验,Mac Kinnon 等提出,Sobel 统计量5%显著性水平对应的临界值为0.97,国内很多学者的研究也采用了这种方法。

根据三个模型中有关回归系数的大小及显著性来判断中介效应的状况。如果 $c>c'>0$ 且 c' 仍然具有显著性（显著性不变或减弱），并且 $b>0$ 具有显著性，则认为 M 在 X 对 Y 的影响中起到了部分中介的作用；如果 $c>c'>0$ 且 c' 不再具有显著性，并且 $b>0$ 具有显著性，则认为 M 在 X 对 Y 的影响中起到了完全中介的作用。

三　模型设定

基于以上对中介效应基本理论的阐述，本章的中介效应模型设定如下：

$$Inno = a_0 + cTC + a_1 X + e_1 \tag{4.1.1}$$

$$M = b_0 + aTC + b_1 X + e_2 \tag{4.1.2}$$

$$Inno = \lambda_0 + c'TC + bM + \lambda_1 X + e_3 \tag{4.1.3}$$

其中，$Inno$ 代表技术创新产出，TC 为商业信用，M 为机制效应的中介变量。

第二节　获得商业信用对技术创新的影响机制检验

通过上文的理论分析，本书总结出企业获得商业信用可能会通过融资效应和负债治理效应影响技术创新。本节将利用工业企业数据和上市公司数据，采用中介效应模型、交互项模型等方法对上述机制进行实证检验，为控制商业信用与技术创新之间的双向因果关系，取被解释变量的 $t+1$ 期数据进行回归。

一　融资效应检验

（一）直接融资效应——R&D 资金来源

第二章理论分析指出，直接融资效应是指商业信用作为一种外部融资渠道，在一定程度上可以为企业研发提供资金支持，进而促进技术创新。接下来将实证检验商业信用是否通过提供创新资金来促进技术创新产出增加。

1. 基于工业企业数据的回归分析

本部分检验需要的中介变量为研发支出 RDE（用"研发支出/总销售收入"来衡量）。根据数据特点，采用 Tobit 模型对中介效应进行回归，回归结果见表 4.2.1。

表 4.2.1　　　　　　直接融资中介效应回归结果

变量	Inno	RDE	Inno
RDE			22.72***
			(1.373)
AP	0.284***	－0.003***	0.343***
	(0.051)	(0.001)	(0.061)
ROA	－0.405***	0.000	－0.138*
	(0.063)	(0.001)	(0.078)
Kintensity	－0.343***	－0.003***	－0.318***
	(0.008)	(0.000)	(0.009)
HHI	－0.049***	0.001***	－0.105***
	(0.010)	(0.000)	(0.011)
Owncat	0.145***	0.002***	0.135***
	(0.010)	(0.001)	(0.012)
Age	0.146***	0.003***	0.143***
	(0.011)	(0.000)	(0.013)
Scale	1.096***	0.012***	1.058***
	(0.008)	(0.001)	(0.009)
年度效应	控制	控制	控制
行业效应	控制	控制	控制
观测值	898170	686966	556221
Pseudo R^2	0.14	1.18	0.15

表 4.2.1 为使用 2005—2007 年的样本数据（因为工业企业数据库研发支出的数据只从 2005 年开始汇报，且 2008 年该数据缺失，所以只选取 2005—2007 年连续三年的样本）进行中介效应检验的

结果。结果显示，获得商业信用在1%的显著性水平上为正（0.284），这表明企业获得商业信用促进了创新；研发支出对创新的影响在1%的显著性水平上为正（22.72），这表明研发投入确实是促进创新的重要因素；第四列结果中获得商业信用在1%的水平上显著为正（0.343）；以上这些系数虽然都通过显著性检验，但是第四列中获得商业信用的系数（0.343）大于第二列的系数（0.284），说明此模型中的中介效应并不存在。也就是说，通过分析数据发现获得商业信用并未成为企业研发融资的资金来源。获得商业信用对研发支出的影响在1%的显著性水平上为负（-0.003），这说明对于样本区间的工业企业来说，获得商业信用并没有通过增加研发投入促进技术创新。以上分析表明在样本区间，工业企业使用商业信用对技术创新影响的直接融资效应并不存在，即商业信用并没有成为样本区间工业企业技术创新的直接资金来源。

2. 基于上市公司数据的回归分析

进一步分析上市企业样本，使用的中介变量为研发投入，具体衡量方法为企业每年研发支出费用取对数。数据来源于CCER数据库，由于部分年份数据缺失，这里使用2009—2016年数据。为了进一步缓解由于变量离散而造成的问题，对其进行了1%分位及99%分位的缩尾处理。研发支出（RDE）变量的描述性统计分析见表4.2.2，从表中可以粗略了解到企业为进行创新研发付出的行动，最大值和最小值的数据表明企业间进行的创新研发存在较大差距。

表4.2.2　　　　　　　　研发支出描述性统计分析

变量	样本量	均值	方差	最小值	最大值
RDE	12490	17.4200	1.4633	13.2517	21.3674

（1）中介效应实证检验。根据前文的分析，使用中介效应对可能存在的直接融资效应进行检验，回归结果见表4.2.3。结果显示，

第二列中获得商业信用 AP 对企业创新有显著的正向作用，第三列中获得商业信用对企业研发支出 RDE（中介变量）的回归系数显著为正，第四列中商业信用获得 AP 和研发支出 RDE 对创新的回归系数均显著为正，且第四列中获得商业信用 AP 对创新影响的数值（1.514）小于第二列（3.392），说明存在部分中介效应。实证分析结果验证了第二章中的理论假设，上市企业获得商业信用具有技术创新的直接融资效应，即获得商业信用作为上市企业 R&D 资金的来源，为技术创新提供了资金供给。

表 4.2.3　　　　　　直接融资中介效应回归结果

变量	Inno	RDE	Inno
AP	3.392***	0.475***	1.514***
	(0.368)	(0.145)	(0.290)
AR	2.496***		0.710***
	(0.326)		(0.244)
RDE			0.589***
			(0.021)
Age	-0.477***	3.172***	-0.016
	(0.128)	(0.053)	(0.101)
Growth	0.016	0.078***	0.133*
	(0.055)	(0.023)	(0.070)
ROA	3.929***	1.373***	1.133***
	(0.430)	(0.154)	(0.400)
Lev	-1.176***	0.281***	-0.182
	(0.210)	(0.084)	(0.169)
Liq	-0.036***	0.004	-0.015*
	(0.011)	(0.004)	(0.009)
var（Inno）			1.995***
			(0.057)
常数项	0.697**	8.146***	-7.914***
	(0.304)	(0.161)	(0.462)

续表

变量	Inno	RDE	Inno
观测值	19738	12490	10120
年度固定效应	控制	控制	控制
Pseudo R^2	0.096	0.096	0.096
R^2		0.296	
企业数量		2451	

（2）交互效应实证检验。为确保结果的稳健，将使用交互项模型对可能存在的直接融资效应进行检验。为防止出现严重的多重共线性问题，交互项在回归前预先进行去中心化处理。其回归结果见表4.2.4。

表4.2.4　　　　　　直接融资交互效应回归结果

变量	基准回归				加入交互项			
	Inno	Inno_i	Inno_u	Inno_d	Inno	Inno_i	Inno_u	Inno_d
AP	1.566***	0.488*	2.513***	4.358***	1.447***	0.354	2.329***	4.024***
	(0.292)	(0.287)	(0.354)	(0.624)	(0.293)	(0.286)	(0.353)	(0.622)
AR	0.743***	0.869***	1.225***	-1.089**	0.744***	0.870***	1.226***	-1.078**
	(0.246)	(0.243)	(0.300)	(0.487)	(0.245)	(0.242)	(0.299)	(0.487)
AP×RDE					0.329**	0.328**	0.462***	0.559**
					(0.134)	(0.140)	(0.152)	(0.264)
RDE	0.551***	0.574***	0.510***	0.480***	0.542***	0.565***	0.495***	0.461***
	(0.021)	(0.022)	(0.024)	(0.040)	(0.021)	(0.022)	(0.025)	(0.041)
控制变量	控制	控制	控制	控制	控制	控制	控制	控制
观测值	10120	10120	10120	10120	10120	10120	10120	10120
Pseudo R^2	0.094	0.098	0.072	0.038	0.094	0.099	0.072	0.038

由表4.2.4可以看出，在控制了其他变量和年份变量并加入交互项后，获得商业信用AP与研发支出RDE对Inno的回归系数均在1%显著性水平上为正，并且交互项AP×RDE对Inno的回归系数也

在5%显著性水平上为正,这说明企业获得商业信用与研发支出水平对企业创新具有交互作用。此时模型中 AP 与 RDE 的回归系数为偏回归系数,其系数显著性并不能直接表明其作用是否显著,本书要关注交互项系数的显著性。因此,即使在细分研发类型的回归结果中 AP 对 $Inno\_i$ 的回归系数不显著(0.354),但由于交互项 $AP \times RDE$ 的回归系数在5%显著性水平上为正,仍能说明获得商业信用与研发支出对企业创新存在着显著为正的交互促进作用,即获得商业信用在对研发支出促进企业创新方面起着正向调节作用,获得商业信用使研发支出对企业创新的正向促进作用变得更强。

综上所述,对比工业企业数据和上市公司数据的回归结果后发现,因为两个数据库包含的企业在现金流状况、经营状况等存在明显不同,所以直接融资效应检验结果也不同,结果显示上市公司获得商业信用产生了直接融资效应,增加R&D资金来源,促进企业创新。出现这个结果的原因可能是上市公司本身具有的特点,常表现为自身生产经营状况良好,加之融资相对便利,当外部资金进入时,企业倾向于从事高风险的活动,因而企业获得商业信用可以作为一种研发融资渠道进而促进技术创新。

(二)间接融资效应——缓解融资约束

1. 中介效应指标说明

根据第二章的理论分析,本书认为企业获得商业信用在一定程度上能够缓解企业的融资约束,进而促进企业创新。所以本节分析过程中,运用融资约束指标衡量间接融资效应。关于融资约束指标的衡量,吴秋生和黄贤环(2017)将已有关于企业融资约束测算的方法总结为回归分析构建现金流敏感系数法、企业单个特征指标测度法、构建指数法(KZ指数、WW指数、SA指数)、企业自我感知调查法四种类型。其中,SA指数能够较为综合地反映企业面临的融资约束程度,不包含内生变量,能够避免其他方法或指标存在的主观性(吴秋生和黄贤环,2017)。SA指数由 Hadlock 和 Pierce(2010)构建,适用于中国问题的研究,并得到广泛应用(孙雪娇

等, 2019)。本阶段的中介变量采用 SA 指标, 其具体计算公式为:

$$SA = -0.737Scale + 0.043Scale^2 - 0.04Age \quad (4.2.1)$$

其中, $Scale$ 和 Age 分别为取对数的总资产和年龄。

2. 基于工业企业数据的回归分析

表 4.2.5 的结果与已有文献 (鞠晓生等, 2013) 的结论一致, 对于绝大多数的工业企业, 融资约束的 SA 指数都为负, 且绝对值越大意味着融资约束程度越高。

表 4.2.5　　　　　　　　SA 指数分布情况

分位数	1%	5%	10%	25%	50%	75%	90%	95%	99%
SA 值	-4.98	-4.29	-3.90	-3.55	-3.36	-3.23	-3.07	-2.90	-2.36

根据数据特点, 式 (4.2.1) 使用 Tobit 方法回归。

通过分析表 4.2.6 可以发现, 获得商业信用对创新的影响在 1% 的显著性水平上为正 (0.653), 这表明企业获得商业信用促进了创新; 获得商业信用对融资指标在 1% 水平上显著为正, 这表明企业获得商业信用减轻了其融资约束程度 (SA 指数为负值); 第四列融资约束的回归系数为 1.112, 且通过 1% 显著性检验, 说明融资约束显著抑制企业技术创新; 获得商业信用在 1% 的显著性水平上为正 (0.425)。以上四个数值都显著, 并且第四列中获得商业信用对创新的影响数值 (0.425) 小于第二列数值 (0.653), 这表明产生了部分中介效应。也就是说, 实证分析结果支持本书的研究假说, 获得商业信用对工业企业的创新具有间接融资效应, 为工业企业减轻了融资约束, 增加了企业资金充裕度, 促进了技术创新。

3. 基于上市公司数据的回归分析

上市企业样本区间为 1998—2016 年, 数据来源于 Wind 数据库, 并对数据进行了 1% 分位及 99% 分位的缩尾处理。以下是对上市公司融资约束 (SA) 的描述性统计分析。由表 4.2.7 可以看出, 我国上市公司融资约束指标均值为负数，说明上市企业同样面临融资约束的问题；通过与表4.2.5数据的比较，不难发现上市企业融资约束程度远远低于大多数的普通工业企业。

表4.2.6　　　　　　　　间接融资中介效应回归结果

变量	Inno	SA	Inno
SA			1.112 ***
			(0.205)
AP	0.653 ***	0.032 ***	0.425 ***
	(0.055)	(0.002)	(0.063)
观测值	898170	1369589	898170
控制变量	控制	控制	控制
Pseudo R^2	0.04		0.05
企业数量		453798	
R^2		0.05	

表4.2.7　　　　　　　　融资约束描述性统计分析

变量	样本量	均值	方差	最小值	最大值
SA	22626	-2.463	0.225	-3.063	-1.996

（1）中介效应实证检验。

根据前文的分析，使用中介效应对可能存在的间接融资效应进行检验，回归结果见表4.2.8。

表4.2.8　　　　　　　　间接融资中介效应回归结果

变量	Inno	SA	Inno
AP	3.392 ***	-0.429 ***	2.781 ***
	(0.368)	(0.012)	(0.318)
AR	2.496 ***		3.790 ***
	(0.326)		(0.299)

续表

变量	Inno	SA	Inno
SA			0.543***
			(0.187)
控制变量	控制	控制	控制
Pseudo R^2	0.087	0.087	0.087
R^2		0.071	
企业数量		2721	

由表4.2.8可以看出，第二列中获得商业信用对企业创新有显著的促进作用；第四列中获得商业信用和中介变量 SA 对创新的回归系数均显著为正；第三列中获得商业信用对企业融资约束 SA 的回归系数在1%的显著性水平上为负（符号并不符合逻辑）。即便以上数值都显著，但并不能说明存在中介效应。也就是说，实证分析结果不支持本书的研究假说，企业获得商业信用对创新不具有间接融资效应，不能减轻企业面临的融资约束，但获得商业信用确实促进了企业创新，这或许是选择的样本问题，又或许是其他效应产生的结果。

（2）交互效应实证检验。

根据前文的分析，使用交互效应模型对可能存在的间接融资效应进行检验，以便增强说服力。$AP \times SA$ 为获得商业信用 AP 与融资约束指数 SA 的交互项，为防止出现严重的多重共线性问题，交互项作去中心化处理。回归结果见表4.2.9。

表4.2.9　　　　间接融资交互效应回归结果

	1998—2016年	1998—2007年	2008—2016年
变量	Inno	Inno	Inno
AP	3.470***	4.106***	3.496***
	(0.366)	(0.666)	(0.409)

续表

变量	1998—2016 年 *Inno*	1998—2007 年 *Inno*	2008—2016 年 *Inno*
$AP \times SA$	1.167 (1.290)	-1.467 (2.388)	3.008*** (0.603)
SA	0.224 (0.216)	-0.132 (0.324)	0.358* (0.212)
控制变量	控制	控制	控制
观测值	19738	6656	13082
Pseudo R^2	0.054	0.041	0.028

对整体样本回归结果进行分析，发现不存在交互效应。然后对样本进行分段回归，发现状况，存在获得商业信用与融资约束的交互作用。本阶段回归选择把 2007 年数据作为一个分割点是因为 2007 年是一个特殊的年份，一个是美国次贷危机的爆发，另一个是对债权人保护的相关法规《破产法》和《物权法》的实施。回归结果说明在金融危机之后，在债权人保护法实施的大环境下，商业信用通过影响间接融资效应来促进技术创新，在一定程度上佐证了姜军等（2017）关于债权人保护能够促进技术创新的结论。

对两个数据库的中介效应回归结果进行比较，发现获得商业信用对工业企业的创新具有间接融资效应，为工业企业减轻了融资约束，并进一步促进了企业创新。这可能是由于工业企业数据库包含的多为非上市公司，企业规模小，内部资金不充裕，并且还可能面临银行信贷歧视，在融资难、贷款难的情况下，商业信用作为一种非常规融资模式减轻融资约束的效果相比于上市公司要更好一些，进而在促进企业创新方面的间接融资效应更加明显。而对上市公司加入交互项并划分时间点可以发现，在 2008 年后企业获得商业信用产生了间接融资效应。

二 负债治理效应

商业信用是一种短期负债融资模式，第二章理论分析认为商业信用可能通过影响代理成本和资本配置效率来发挥对技术创新的负债治理效应。本部分将分别对代理成本效应和资本配置效应进行实证检验。

（一）代理成本效应

1. 中介指标说明

对于中介变量的选取，本部分借鉴李寿喜（2007）的研究，采用"管理费用/营业收入"来衡量企业的代理成本，并对其数值取对数得到 AGC，AGC 的值越大意味着代理成本越严重。

2. 基于工业企业数据的回归分析

本部分使用工业企业数据进行负债治理效应的回归，中介变量为 AGC，回归结果见表4.2.10。回归结果显示，第二列中获得商业信用对创新的影响在1%的显著性水平上为正（0.899）；第三列中获得商业信用对代理成本的影响在1%的水平上显著为负，这表明获得商业信用显著地降低了企业的代理成本；第四列结果中，代理成本对创新的影响在1%的显著性水平上为正（这个数值并不符合逻辑），获得商业信用显著地促进了企业创新（0.973）。以上数值都显著，但第四列中获得商业信用对技术创新的影响（0.973）大于第二列中的结果（0.899），这表明中介效应并不存在，获得商业信用对技术创新不具有代理成本效应。商业信用在一定程度上能够降低企业的代理成本，但是并没有通过代理成本的降低而促进技术创新。

表 4.2.10　　　　　　负债治理中介效应回归结果

变量	*Inno*	*AGC*	*Inno*
AGC			2.529***
			（0.742）
AP	0.899***	-0.005***	0.973***
	（0.050）	（0.000）	（0.055）
控制变量	控制	控制	控制

续表

变量	*Inno*	*AGC*	*Inno*
观测值	898170	1369586	898167
Pseudo R^2	0.14		0.14
企业数量		453798	
R^2		0.06	

3. 基于上市公司数据的回归分析

回归使用1998—2016年数据，数据来源于CCER数据库，并对数据进行1%分位及99%分位的缩尾处理。表4.2.11是对代理成本（*AGC*）的描述性统计分析，表中数据表明企业间代理成本存在显著差异。

表4.2.11　　　　代理成本描述性统计分析

变量	样本量	均值	方差	最小值	最大值
AGC	22606	3.02	8.153	0.021	63.899

根据前文的分析，使用中介效应对可能存在的负债治理效应进行检验，回归结果见表4.2.12。

表4.2.12　　　　负债治理中介效应回归结果

变量	*Inno*	*AGC*	*Inno*
AP	3.392***	0.163*	3.381***
	(0.368)	(0.088)	(0.367)
AR	2.496***		2.494***
	(0.326)		(0.326)
AGC			−0.069***
			(0.025)
控制变量	控制	控制	控制
Pseudo R^2	0.055	0.055	0.055
企业数量		2718	

由表 4.2.12 的回归结果可以看出，第二列获得商业信用 AP 对创新的影响在 1% 的显著性水平上为正，第三列获得商业信用 AP 对代理成本的影响在 10% 的显著性水平上为正（符号并不符合逻辑），这表明获得商业信用并不能降低代理成本，第四列代理成本对创新的影响在 1% 的水平上显著为负，同时获得商业信用显著地促进了创新，尽管这些数值也都显著，但由于符号不符合逻辑，不能表明存在降低代理成本的负债治理效应。本书认为这是由于研发活动本身具有较强的专业性、技术性和保密性，而创新成果的最终受益人是管理者而不是企业经营所有者，因而通过获得商业信用来监督企业经营者以促进技术创新是不可行的。

（二）资本配置效应

1. 数据、变量及模型设定

本书选取 2003—2019 年我国沪深两市 A 股上市公司作为研究样本，并对标准数据进行了如下处理：（1）剔除 ST、*ST、PT 公司；（2）剔除金融行业公司；（3）剔除存在异常值和缺失值的公司。最终，本书共确定 3440 家公司、34794 个样本。数据来源于 CSMAR 数据库和 CCER 数据库，考虑到异常值对分析结果的影响，对变量的上下 1% 分位数进行了缩尾处理。被解释变量采用 Richardson 模型（肖珉，2010；程新生等，2020）关于过度投资和投资不足的衡量来描述资本配置效率程度。Richardson 模型通过一些与投资量紧密相关的变量来估算企业正常的资本投资水平。该模型的残差表示新增投资和预期投资的差额，用来判定过度投资和投资不足，即资本配置非效率程度。如果非正常投资水平大于 0，表示公司过度投资（$Overinv$），如果非正常投资水平小于 0，则表示公司投资不足（$Underinv$）。公式如下：

$$INV_t = a_0 + a_1 Growth_{t-1} + a_2 Lev_{t-1} + a_3 Cash_{t-1} + a_4 Age_{t-1} + a_5 Size_{t-1} + a_6 RET_{t-1} + a_7 INV_{t-1} + \sum Industry + \sum Year + e \quad (4.2.2)$$

其中，INV 表示资本投资（使用期末购建固定资产、无形资产和其他长期资产支付现金除以总资产衡量），$Growth$ 表示主营业务收入增长率，Lev 表示资产负债率，Age 表示企业年龄，$Cash$ 表示现金持有量（使用期末现金和短期投资之和除以总资产衡量），RET 表示经过市场调整的股票回报率。表 4.2.13 为相关变量的定义说明。

表 4.2.13　　　　　　　　相关变量定义

变量划分	变量名称	变量符号	衡量方法
被解释变量	过度投资	Overinv	投资过度，等于模型（4.2.2）中大于0的回归残差
	投资不足	Underinv	投资不足，等于模型（4.2.2）中小于0的回归残差的绝对值
解释变量	获得商业信用	AP	（应付账款＋应付票据＋预收账款）/总资产
	提供商业信用	AR	（应收账款＋应收票据＋预付账款）/总资产
控制变量	现金流	Cashflow	经营活动产生现金流净额/总资产
	主营业务收入增长率	Growth	主营业务收入增长额/前一期主营业务收入期初额
	公司规模	Size	期末总资产的自然对数
	资产负债率	Lev	期末总负债/总资产
	企业年龄	Age	ln（当前年份＋1－成立年份）
	资产收益率	ROA	净利润/总资产
	管理费用率	ADM	管理费用/主营业务收入
	大股东占款	ORA	其他应收款/总资产
	行业虚拟变量	inc	参照中国证监会行业分类指南，共计 14 个行业虚拟变量
	年度虚拟变量	year	控制不同时期宏观经济因素影响，共 10 个年度虚拟变量

由表 4.2.14 可以看出，过度投资的均值为 0.07，标准差为 0.078，投资不足的均值为 0.06，标准差为 0.051，因此企业过度投资水平较高，且相对于投资不足来说，过度投资的偏离程度较大。提供商业信用的均值为 0.171，最大值为 0.546，最小值为 0.003，获得商业信用的均值为 0.162，最大值为 0.56，最小值为 0.005，可见目前

提供商业信用的行为较多。提供与获得商业信用的最大值与最小值之间差距均较大，表明企业使用商业信用存在较大差异。

表 4.2.14　　　　　　　变量的描述性统计

变量	观察值	均值	标准差	最小值	最大值
$Overinv$	11481	0.070	0.078	0.001	0.453
$Underinv$	17862	0.060	0.051	0.001	0.256
AR	34681	0.171	0.121	0.003	0.546
AP	32194	0.162	0.120	0.005	0.560
$Cashflow$	34794	0.047	0.075	-0.188	0.260
$Growth$	32363	0.208	0.513	-0.622	3.591
$Size$	34794	21.900	1.308	19.230	25.930
Lev	34794	0.442	0.215	0.051	1.033
Age	34403	1.994	0.879	0	3.258
ROA	34794	0.038	0.063	-0.274	0.206
ADM	34751	0.106	0.098	0.009	0.680
ORA	34785	0.023	0.042	0	0.283

为检验商业信用的创新机制效应，建立如下回归方程：

$$Overinv_{it} = b_0 + b_1 TC_{it} + b_2 Cashflow_{it} + b_3 Growth_{it} + b_4 Size_{it} +$$
$$b_5 Lev_{it} + b_6 Age_{it} + b_7 ROA_{it} + b_8 ADM_{it} + b_9 ORA_{it} +$$
$$\sum inc + \sum year + e_{it} \quad (4.2.3)$$

$$Underinv_{it} = b_0 + b_1 TC_{it} + b_2 Cashflow_{it} + b_3 Growth_{it} + b_4 Size_{it} +$$
$$b_5 Lev_{it} + b_6 Age_{it} + b_7 ROA_{it} + b_8 ADM_{it} +$$
$$b_9 ORA_{it} + \sum inc + \sum year + e_{it} \quad (4.2.4)$$

2. 基准回归

在回归之前，先对模型回归方法进行选择，通过 F 检验和 Hausman 检验后，选取固定效应回归，此外，由于固定效应回归中可能会出现内生性问题，本阶段还进行了两阶段最小二乘回归，且对工具变量（省份年份分组值 $AR2$、$AP2$ 与省份行业年份分组值 $AR3$、$AP3$）

进行了过度识别检验和弱工具变量检验。然后，进行 Hausman 检验，检验结果均拒绝原假设，即所设定的模型存在内生性问题。

表 4.2.15 汇报了基准回归固定效应与两阶段最小二乘回归关于商业信用对过度投资的影响结果。基准回归结果显示，提供商业信用与过度投资在 1% 的水平上显著负相关，说明企业提供商业信用越多，企业的过度投资程度越低；获得商业信用与过度投资在 1% 的水平上显著为负，说明企业获得商业信用越多，企业的过度投资程度越低。本部分还将提供商业信用与获得商业信用同时纳入模型回归，结果同样表明提供商业信用与获得商业信用均有利于缓解过度投资，进而促进企业资本配置效率的提升。

表 4.2.15 过度投资回归结果

	基准回归			两阶段最小二乘回归	
AR	-0.071*** (-5.38)		-0.059*** (-4.11)	-0.210*** (-8.33)	
AP		-0.081*** (-6.05)	-0.071*** (-5.20)		-0.568*** (-8.63)
$Cashflow$	-0.0171 (-1.36)	0.00218 (0.16)	-0.00717 (-0.53)	0.0426*** (2.87)	0.151*** (10.83)
$Growth$	0.0311*** (21.87)	0.0307*** (20.13)	0.0308*** (20.26)	0.0375*** (27.58)	0.0363*** (21.75)
$Size$	0.0179*** (10.02)	0.0169*** (8.94)	0.0166*** (8.74)	0.00606*** (8.74)	0.00926*** (11.48)
Lev	0.0162** (2.13)	0.0389*** (4.52)	0.0347*** (4.02)	0.0565*** (11.38)	0.223*** (10.60)
Age	-0.0361*** (-8.29)	-0.0376*** (-8.07)	-0.0364*** (-7.80)	-0.0239*** (-17.76)	-0.0257*** (-15.04)
ROA	0.127*** (6.33)	0.153*** (7.07)	0.149*** (6.89)	0.0575*** (3.15)	0.117*** (4.82)
ADM	0.104*** (5.54)	0.113*** (5.69)	0.0917*** (4.53)	0.0248** (2.29)	-0.0478*** (-2.78)

续表

	基准回归			两阶段最小二乘回归	
ORA	-0.0667**	-0.0656**	-0.0529	-0.126***	-0.110***
	(-2.16)	(-2.01)	(-1.60)	(-4.96)	(-3.49)
_cons	-0.262***	-0.254***	-0.235***	-0.0258	-0.114***
	(-7.00)	(-6.41)	(-5.89)	(-1.50)	(-6.84)
N	11442	10582	10562	11442	10582

表 4.2.16 为商业信用对投资不足影响的回归结果。结果表明，提供商业信用与投资不足在 5% 的水平上显著负相关，说明企业提供商业信用越多，企业的投资不足程度越低；获得商业信用对投资不足的影响显著为正，说明企业获得商业信用越多，企业的投资不足程度越高。产生这一结果的原因可能是，一方面，固定效应存在内生性问题；另一方面，企业获得商业信用会导致企业短期负债增加，短期偿债压力上升（吴祖光和安佩，2019），因此企业会降低资金使用率，从而出现因资金使用不足导致的投资不足问题。

表 4.2.16 投资不足回归结果

	基准回归			两阶段最小二乘回归	
AR	-0.006**		-0.007*	-0.346***	
	(-2.13)		(-2.36)	(-22.38)	
AP		0.006*	0.008*		-0.703***
		(1.87)	(2.29)		(-14.01)
Cashflow	-0.0207***	-0.0216***	-0.0229***	-0.105***	0.00240
	(-7.02)	(-7.03)	(-7.32)	(-13.94)	(0.27)
Growth	0.001**	0.001**	0.001**	0.00315***	0.00399***
	(2.42)	(2.14)	(2.20)	(3.50)	(3.08)
Size	-0.0305***	-0.0303***	-0.0304***	-0.0243***	-0.0232***
	(-70.87)	(-67.56)	(-67.41)	(-47.43)	(-31.85)
Lev	0.0178***	0.0161***	0.0158***	0.0484***	0.236***
	(10.48)	(8.28)	(8.14)	(18.45)	(15.31)

续表

	基准回归			两阶段最小二乘回归	
Age	0.0300***	0.0308***	0.0308***	-0.00265**	0.00840***
	(22.22)	(21.54)	(21.47)	(-2.32)	(6.59)
ROA	0.0113***	0.009**	0.009**	0.0189**	0.0603***
	(3.08)	(2.32)	(2.27)	(2.49)	(5.12)
ADM	0.00178	0.003	0.00171	-0.0360***	-0.0926***
	(0.66)	(0.88)	(0.60)	(-6.90)	(-8.72)
ORA	0.0215***	0.0186***	0.0218***	0.124***	-0.190***
	(3.99)	(3.41)	(3.83)	(11.12)	(-9.60)
_cons	0.634***	0.628***	0.630***	0.634***	0.564***
	(70.72)	(67.14)	(67.04)	(49.87)	(34.32)
N	17765	16609	16573	17765	16609

两阶段最小二乘回归结果显示,获得商业信用与投资不足在1%的水平上显著负相关,说明企业获得商业信用越多,企业的投资不足程度越低。因此,相对于固定效应回归结果,两阶段最小二乘回归结果的显著性更强,且系数绝对值增加,表明商业信用的变化对资本配置效率的影响程度增强,更好地解释了商业信用是影响资本配置效率的重要因素之一。在控制了内生性问题后,商业信用对资本配置效率产生了显著的正向影响,说明商业信用具有资本配置效应。

3. 稳健性检验

本阶段进行稳健性检验,借鉴 Biddle 等(2009)的方法重新计算过度投资和投资不足,即采用如下模型进行测量:

$$Inv_{i,t} = a_0 + a_1 Growth_{i,t-1} + \sum Year + \sum Industry + e_{i,t-1} \quad (4.2.5)$$

替换变量后的回归结果(见表4.2.17),与前述基准回归结果吻合,这表明得出的结论是稳健的。一系列实证结果证明了企业使用商业信用对资本配置效率改善具有显著的促进作用,获得商业信用具有资本配置效应。

表 4.2.17　　　　　　　变量替换后的回归结果

	Overinv	*Underinv*	*Overinv*	*Underinv*
AR	-0.108*** (-6.24)	-0.00383* (-1.70)		
AP			-0.0625*** (-3.26)	-0.00585** (-2.22)
控制变量	控制	控制	控制	控制
N	9657	20158	8923	18809

第三节　提供商业信用对技术创新的影响机制检验

提供商业信用从理论上说，可能会通过市场竞争效应、质量保障效应、信号效应以及强制性效应影响技术创新。本部分将继续沿用中介效应模型对上述机制进行检验。为控制商业信用与企业创新可能存在的内生性问题，本阶段取被解释变量的 $t+1$ 期进行回归。

一　市场竞争效应

企业提供商业信用很大程度上是为了增加市场竞争力，而竞争力的增强会增加企业销售收入，使之有更多的资金促进企业增加技术创新投资，也可能会固守不前，只注重企业的短期收益。所以，商业信用促进创新的市场竞争效应是否存在，需要通过实证检验加以证明。

（一）基于工业企业数据的回归分析

本部分选取的中介变量为企业销售收入的增长率（*Growth*）。根据数据特点，采用普通 Pooled OLS 方法进行回归。

中介效应结果（见表 4.3.1）显示，第三列中提供商业信用虽然能够显著地促进企业市场竞争能力的提升，但第四列中市场竞争能力并未促进技术创新,即不存在理论分析中的商业信用影响技术创新的市场竞争效应。本书认为:一方面,企业提供商业信用为获取更大的市场份额、提高销售收入的动机比收入增加促进技术创新投资的动机更强烈。企业销售收入的增加或者市场份额的增加,往往会在一定程度上降低技术创新动机,进而不利于企业增加技术创新投资。另一方面,虽然提供商业信用能够显著地促进市场份额增加进而增大其收益,但也不可避免地因资金占用以及无法及时收回等问题造成一定的损失,进而不利于企业的技术创新活动。

表 4.3.1　　　　　　　市场竞争效应的回归结果

变量	$Inno$	$Growth$	$Inno$
$Growth$			−0.0175 **
			(0.007)
AR	0.504 ***	0.153 ***	0.657 ***
	(0.044)	(0.010)	(0.053)
控制变量	控制	控制	控制
观测值	1413953	1278150	890660
Pseudo R^2	0.14		0.14
R^2		0.03	
企业数量		422735	

(二) 基于上市公司数据的回归分析

1. 中介效应模型

对于提供商业信用可能存在的市场竞争效应,本部分以市场份额作为其代理变量,市场份额 = 企业营业收入/行业营业收入。数据来源于 Wind 数据库,并对数据进行上下 1% 分位缩尾处理。根据前文的分析,使用中介效应模型,对可能存在的市场竞争效应进行检验,回归结果见表 4.3.2。

表 4.3.2 的回归结果显示,提供商业信用 AR 对企业研发专利产出的回归系数显著为正,对中介变量市场份额 MS 的回归系数也

在 1% 的水平上显著，但数值为负，表明提供商业信用降低了市场份额，虽然与本书的理论分析不同（提供商业信用促进市场份额增加），但第四列中中介变量市场份额 MS 对技术创新的回归系数显著为负，说明存在中介效应。第四列中 MS 的回归系数为负数，这表明企业市场份额大，反而抑制了企业的创新产出。企业的市场地位越高，企业通过研发创新来提高经营效率、提升产品质量以获得竞争优势的动机越弱。企业市场地位越高，越有动机增加营销支出以拓宽产品市场，获得短期高额收益。这种情况下，企业并不愿意投入较多研发资金在高风险且投资收益周期长的项目上，商业信用规模越大，反而抑制了企业研发创新（张新民等，2012）。企业提供商业信用降低了市场份额，而市场份额对技术创新存在显著的抑制作用，因此提供商业信用通过影响市场份额进而影响了企业技术创新。

表 4.3.2　　　　　　　　市场竞争中介效应回归结果

变量	Inno	MS	Inno
AR	2.496***	−0.035***	3.643***
	(0.326)	(0.005)	(0.296)
MS			−1.584***
			(0.370)
控制变量	控制	控制	控制
观测值	19738	22602	19725
Pseudo R^2	0.089	0.089	0.089

2. 交互效应模型

下面使用交互效应模型，对可能存在的市场竞争效应进行检验。$AR \times MS$ 为商业信用提供 AR 与市场份额变量 MS 的交互项，为防止出现严重的多重共线性问题，交互项作去中心化处理。总体样本回归结果见表 4.3.3。

表 4.3.3 为总体样本实证回归结果，第二列到第五列为未加入

交互项的回归结果,其中市场份额 MS 和商业信用提供 AR 对专利申请总量 $Inno$ 以及细分专利类型的两种创新 $Inno\_i$、$Inno\_u$ 的回归系数均十分显著。第六列到第九列为加入交互项的回归结果,交互项 $AR \times MS$ 对专利申请总量 $Inno$ 的回归系数显著为负,说明市场份额越小,提供商业信用对企业技术创新的促进作用越明显,存在市场竞争交互效应。

表 4.3.3　　　　　　　市场竞争交互效应回归结果

变量	$Inno$	$Inno\_i$	$Inno\_u$	$Inno\_d$	$Inno$	$Inno\_i$	$Inno\_u$	$Inno\_d$
AR	2.345*** (0.322)	2.272*** (0.311)	2.656*** (0.343)	0.707 (0.473)	2.287*** (0.324)	2.172*** (0.316)	2.628*** (0.344)	0.636 (0.475)
$AR \times MS$					-4.866* (2.617)	-7.272** (3.328)	-2.140 (2.788)	-4.761 (4.087)
MS	-1.525*** (0.344)	-1.562*** (0.420)	-1.352*** (0.375)	-1.635*** (0.458)	-1.771*** (0.341)	-1.916*** (0.374)	-1.453*** (0.380)	-1.886*** (0.537)
控制变量	控制	控制	控制	控制	控制	控制	控制	控制
观测值	19725	19725	19725	19725	19725	19725	19725	19725
Pseudo R^2	0.057	0.066	0.063	0.023	0.057	0.067	0.063	0.023

回归工业企业数据,本书认为提供商业信用能够显著地促进企业的竞争能力,但竞争力提升并未有效促进技术创新。张杰和刘东(2006)研究发现,由于中小企业市场势力较低,它们往往成为商业信用的供给者。徐晓萍和李猛(2009)认为企业的规模与商业信用供给是负向关系,处于竞争状态,经营规模越小的企业提供的商业信用越多。中国工业企业数据库涵盖的企业全面,其中绝大多数都是非上市企业,本身资金有限,提供商业信用主要目的就是在激烈的市场中获得生存,提高竞争力,因而未成为提供商业信用促进技术创新的有效渠道。

分析上市公司的数据可以发现,企业市场份额越大,反而抑制了企业的创新产出。提供商业信用通过降低市场份额,进而减弱了市场份额对技术创新的抑制作用,从而提高企业技术创新产出。截至 2016 年年底,中国上市公司只有 3002 家,能够通过 IPO 上市的公司基本上都是在本行业占据相当市场份额的企业,企业本身规模也较大,企业战略发展和创新策略更具备前瞻性。市场份额的增加,并不能进一步促进其进行技术创新活动,企业相对比较成熟,并不会依靠技术创新去赢得市场。

综上,提供商业信用对技术创新的竞争效应机制适用于上市公司。这说明竞争效应机制的成立需要一定的公司规模、治理结构和创新战略规划作为基础。

二 质量保障效应

企业在销售新产品的过程中,往往会让客户先体验后付款,而这一行为本身就是企业提供商业信用的一种表现。本书把这种现象定义为质量保障效应。而企业产品的销售产值是销售产品的价值体现,既从数量上反映生产规模,又从质量上体现产品的市场接受程度。根据工业企业数据,本书使用 Qua(新产品销售收入/总销售收入)来衡量商业信用促进创新的质量保障效应的中介机制变量。

根据回归结果(见表 4.3.4),虽然各回归系数通过 1% 显著性水平检验,但是提供商业信用 AR 对新产品销售收入占比 Qua 的系数显著为负,即提供商业信用并未显著促进新产品销售收入的增加反而是抑制(符号不符合逻辑),提供商业信用对创新的质量保障效应的中介效应不存在。由于上市公司财务报表并不公布相关数据,无法对上市公司质量保障效应做检验。

表 4.3.4 质量保障效应回归结果

变量	$Inno$	Qua	$Inno$
Qua			1.127 ***
			(0.148)
AR	0.504 ***	-0.0366 ***	0.512 ***
	(0.044)	(0.011)	(0.049)

续表

变量	*Inno*	*Qua*	*Inno*
控制变量	控制	控制	控制
观测值	1413953	1584936	1072004
Pseudo R^2	0.14	0.07	0.14

三 信号效应

(一) 基于工业企业数据的回归分析

理论分析认为企业提供商业信用能够向银行提供运营良好的信号,由此而获得更多的银行信贷,进而投资于创新项目。本书将其定义为提供商业信用促进技术创新的信号效应。由于工业企业数据中并未披露企业的银行信贷情况,本书借鉴已有文献的通用做法,采用利息支出来衡量,并对其数值取对数得到 *Loan*。使用 Tobit 模型进行回归,结果如表 4.3.5 所示。

表 4.3.5　　　　　　　工业企业数据信号效应回归结果

变量	*Inno*	*Loan*	*Inno*
Loan			0.007**
			(0.003)
AR	0.504***	-0.679***	0.508***
	(0.044)	(0.024)	(0.044)
控制变量	控制	控制	控制
观测值	1413953	2036267	1413953
Pseudo R^2	0.14	0.05	0.14

表 4.3.5 结果显示,第二列中提供商业信用 *AR* 对 *Inno* 的回归系数显著为正,即企业提供商业信用促进其技术创新;第三列中提供商业信用 *AR* 对 *Loan* 的系数虽然显著,但其回归数值为负,商业信用并没有促进银行信贷的增加,与本书理论分析相违背,即使第四列中 *AR*、*Loan* 的回归系数显著为正,但是信号效应并不

成立。

(二) 基于上市公司数据的回归分析

1. 中介效应模型

对于提供商业信用可能存在的信号效应，本书以上市公司借款总额作为其代理变量，具体先将借款总额加 1 然后取对数。数据来源于 Wind 数据库，并对其进行 1% 分位及 99% 分位的缩尾处理。表 4.3.6 是对代理变量借款总额（$Loan$）的描述性统计分析。

表 4.3.6　　　　　　　　$Loan$ 变量描述性统计分析

样本量	均值	方差	最小值	最大值
15903	8.821	0.915	5.236	9.773

为检验信号效应是否在上市公司样本中存在，使用中介效应模型进行回归，回归结果见表 4.3.7。

表 4.3.7　　　　　　　　信号效应中介效应回归结果

变量	$Inno$	$Loan$	$Inno$
AR	2.496***	0.326***	2.521***
	(0.326)	(0.121)	(0.370)
$Loan$			−0.065***
			(0.024)
控制变量	控制	控制	控制
Pseudo R^2	0.041	0.041	0.041
企业数量		2450	

检验结果显示，第三列中提供商业信用 AR 对中介变量借款总额 $Loan$ 的回归系数显著为正，即企业提供商业信用显著促进了借款总额的增加；但是第四列中借款总额 $Loan$ 对 $Inno$ 的系数显著为负，说明提供商业信用确实能增加上市企业的银行贷款，但是增加的银行贷款并未带来技术创新的增加，与理论分析不符，这表明信号效

应并不存在。

2. 交互效应模型

下面使用交互效应模型，对可能存在的信号效应进行检验。$AR \times Loan$ 为商业信用提供 AR 与借款总额变量 $Loan$ 的交互项。为防止出现严重的多重共线性问题，交互项作去中心化处理。总体样本回归结果见表 4.3.8。

表 4.3.8　　　　　　　信号效应交互作用回归结果

变量	Inno	Inno_i	Inno_p	Inno_u	Inno	Inno_i	Inno_p	Inno_u
AR	2.519***	2.37***	2.672***	1.162**	2.519***	2.37***	2.672***	1.162**
	(0.370)	(0.353)	(0.387)	(0.538)	(0.370)	(0.353)	(0.388)	(0.538)
$AR \times Loan$					-0.190	-0.202	-0.237	0.0148
					(0.207)	(0.195)	(0.248)	(0.290)
$Loan$	-0.0554**	-0.056**	-0.0479*	-0.0296	-0.0526**	-0.052**	-0.0437*	-0.0299
	(0.022)	(0.022)	(0.025)	(0.038)	(0.023)	(0.022)	(0.025)	(0.039)
控制变量	控制	控制	控制	控制	控制	控制	控制	控制
观测值	13635	13635	13635	13635	13635	13635	13635	13635
Pseudo R^2	0.041	0.038	0.045	0.024	0.041	0.038	0.045	0.024

注：第六至第九列是加入交互项的回归结果。

检验结果显示，交互项系数均不显著，表明不存在交互效应。通过上述分析可以发现，商业信用促进技术创新的信号效应不管在普通工业企业中，还是在上市企业中均不成立。虽然上市企业提供商业信用促进了银行贷款的获得，但是获得的银行贷款并未有效促进技术创新。这说明我国上市企业获得资金后，并不会用于开发新技术，从事技术创新活动。

四　强制性效应

（一）基于工业企业数据的回归分析

企业之间提供商业信用可能存在强制性效应，将企业按照规模进行分组回归，若是规模大的企业提供商业信用有利于技术创新，规模小的企业提供商业信用不利于技术创新，意味着强制性效应成立。具体地，根据国家统计局网站公布的《统计上大中小微型企业划分标准》，将不同行业的企业按照从业人员数进行划分，本书将企业分为大型、中型、小型和微型。

表4.3.9的回归结果显示，大型、中型、小型企业提供商业信用 AR 对技术创新的系数在1%的显著性水平上为正；而对微型企业来说，提供商业信用对技术创新的影响并不显著。进一步对回归系数比较，发现大型和中型企业提供商业信用对技术创新的促进作用大于小型企业。总的来说，越是规模大的企业提供商业信用越有利于技术创新，而规模小的企业，提供商业信用并不显著促进创新，反而会抑制创新，这说明企业提供商业信用存在显著的强制性效应。

表4.3.9　　　　　工业企业数据强制性效应回归结果

变量	大型	中型	小型	微型
AR	0.899***	1.190***	0.268***	-0.358
	(0.201)	(0.104)	(0.051)	(0.295)
控制变量	控制	控制	控制	控制
观测值	60285	214148	1100232	39288
Pseudo R^2	0.11	0.09	0.09	0.06

（二）基于上市公司数据的回归分析

基于上市公司的数据，对于提供商业信用可能存在的强制性效应，本书区分小企业和大企业，对其分别进行回归检验，具体而言，将样本中总资产在25%以下的企业定义为小企业，75%以上的企业定义为大企业。

从表4.3.10可以看出，从均值上来看，小企业提供的商业信用高于大企业提供的商业信用。下面进行分组回归检验，检验结果见表4.3.11。

表 4.3.10　　不同规模企业提供商业信用的描述性统计

企业规模	样本量	均值	方差	最小值	最大值
小企业	5654	0.184	0.114	0	0.872
大企业	5653	0.152	0.119	0	0.975

表 4.3.11　　强制性效应检验结果

变量	小企业				大企业			
	$Inno$	$Inno\_i$	$Inno\_u$	$Inno\_d$	$Inno$	$Inno\_i$	$Inno\_u$	$Inno\_d$
AR	2.076***	1.889***	2.750***	-1.141*	6.292***	6.651***	5.937***	5.536***
	(0.404)	(0.363)	(0.456)	(0.644)	(0.717)	(0.681)	(0.723)	(1.105)
控制变量	控制	控制	控制	控制	控制	控制	控制	控制
观测值	4927	4927	4927	4927	4931	4931	4931	4931
Pseudo R^2	0.112	0.117	0.102	0.034	0.077	0.090	0.087	0.059

上市企业的回归结果显示，小企业中除了提供商业信用对外观设计创新的影响在10%的水平上显著为负，其余都在1%的显著性水平上为正；大企业样本回归中，商业信用的系数均显著为正。通过进一步比较系数可以发现，大企业提供商业信用对技术创新的促进作用明显大于小企业，这说明上市企业中也存在提供商业信用的强制性效应。总的来说，相较于小企业，大企业能够更好地利用提供商业信用来促进其技术创新。

第四节　本章小结

本章实证检验商业信用（获得与提供）对企业技术创新的影响机制。在分析中，综合运用工业企业数据和上市企业数据，采用中介效应模型、交互效应模型等计量检验具体的作用机制，得到以下结论。

获得商业信用对上市企业的技术创新具有直接融资效应，为企业增加了 R&D 资金来源。相比于普通企业，上市公司规模和行业竞争力更大，而且更重视发展的战略性，因此当外部资金进入时，企业倾向于从事战略性的研发投资，企业获得商业信用可以作为一种资金流入进而促进创新。大多数非上市企业现金流状况、经营状况等存在明显不同，获得的资金流入基本优先选择投入经营资金的周转，很难直接把获得的资金用来支持投入研发，因而直接融资效应不成立。

间接融资效应存在于普通工业企业和 2008—2016 年的上市企业。获得商业信用为工业企业减轻融资约束，增加企业资金充裕度，促进了技术创新。而上市公司本身融资渠道多元，对于商业信用融资的依赖性较低，但在 2008 年以后宏观经济形势下滑，银行贷款收紧，加上《物权法》的出台，促进了企业对商业信用的使用，使上市企业也开始增加对商业信用的依赖，进而产生间接融资效应。

上市公司获得商业信用具有来自资本配置效率改善的负债治理效应。负债治理效应影响代理成本和资本配置效率，本书通过回归发现工业企业和上市公司的降低代理成本效应并不成立。因为研发活动本身具有较强的专业性、技术性和保密性，而创新成果的最终受益人是管理者而不是企业经营者，因而通过获得商业信用来监督企业经营者以促进技术创新是不可行的。在控制了内生性问题后，商业信用对资本配置效率产生了显著的正向影响，产生了资本配置效应，商业信用作为一种债务融资对企业的过度投资与投资不足都有抑制性，对低效率投资问题起到了双向调节作用，进而提高了技术创新投资效率。

提供商业信用对技术创新的市场竞争效应机制对上市公司成立。这是因为，上市公司本身规模较大，企业战略发展和创新策略也相对更具有前瞻性，而大多数非上市公司获得商业信用和提供商业信用的目的更多是提高当前的市场份额和减少财务约束，并未促进企业研发投入，也就无法促进企业创新。这说明市场竞争效应机制得到实现需要企业具有一定的公司规模、治理结构和技术创新战略规划。

提供商业信用对技术创新的信号效应不管是在普通工业企业还是在上市企业中均不存在。虽然，上市公司的财务制度健全，信息披露的质量更合规，所提供的财务信息更容易获得金融中介的信赖，进而促进银行贷款的获得，但是，获得的银行贷款并没能有效增加技术创新产出，说明研发资金的专款专用问题可能并没有得到有效的监督。

本书也发现提供商业信用对上市公司和工业企业数据都存在强制性效应，我国市场中商业信用的存在，有的由企业主动提供，也有的因买方恶意拖欠行为而被动提供，而被动提供商业信用带来的强制性效应并不利于技术创新。

综上可知，大多数普通工业企业获得商业信用主要通过间接融资效应，提供商业信用强制性效应的检验发现，大规模企业更能利用提供商业信用来促进技术创新，回归结果表现出提供商业信用促进高质量创新。而上市公司可以通过直接融资效应、资本配置效应、市场竞争效应影响企业的技术创新，上市企业中强制性效应也同时存在。

第五章　商业信用对技术创新的结构性影响研究

前面章节研究发现商业信用从整体上能够显著促进企业技术创新，但是在不同环境下，其影响可能会表现出结构性差异。因此，本章从理论上分析不同条件下企业使用商业信用对技术创新的可能影响，提出理论假设，并且综合使用中国工业企业数据库和上市公司数据库进行实证分析，多维度检验商业信用对技术创新的结构性影响。根据数据的可得性，主要选取货币政策因素、地区差异（金融发展水平、政府干预程度、法治水平和知识产权保护水平、社会资本水平）、行业特征（行业是否为高技术行业，行业竞争程度）、企业特征（所有权性质、市场地位）作为研究角度。

第一节　商业信用对技术创新的结构性影响
——货币政策因素分析

一　理论分析及研究假说的提出

货币政策是中央银行为实现其特定的经济目标而采用的各种控制和调节货币供应量和信用量的方针、政策和措施的总称。央行通过各种途径影响企业生产发展进而影响国家经济。目前，我国资本市场发育尚不成熟，货币政策主要通过银行信贷机制传导，银行信贷是企业主要的资金来源，银根松紧对企业发展具有重要影响。当企业难以从银行融通资金时便会通过商业信用进行融资，因而货币政策通过银行信贷间接影响了商业信用。

现有研究用交易动机和融资动机来解释商业信用的存在。其中,交易动机论认为商业信用普遍存在主要是与产品市场竞争、客户强势地位和信用良好有关,供应商为了促使其产品尽快销售,增强自身竞争力,愿意为客户提供商业信用,并借此锁定客户(Love et al.,2007);而融资动机论认为商业信用的大量存在主要是公司面临银行信贷配给而做出的次优选择(Nilsen,2002)。商业信用作为一种融资模式在企业发展过程中扮演重要角色,从信贷配给角度看,在货币政策紧缩时期,企业获得的银行信贷明显减少,获得银行信贷的难度加大,商业信用作为一种替代性融资模式显示出其优势(Nilsen,2002;Mateut,2005;任希丽,2018)。石晓军和张顺明(2010)研究发现商业信用与银行信贷存在替代关系,并且这种关系具有同步性的反经济周期规律,即在货币政策紧缩时银行信贷与商业信用的替代关系较宽松时期大。在货币政策紧缩时期,银行信贷规模减小,企业存在经营资金不足的现象,融资约束的存在限制了企业的创新活动(Gorodnichenko and Schniter,2013;严若森和姜潇,2019),而替代性融资模式——商业信用的出现减轻了企业面临的融资约束(姚星等,2019),从而促进了技术创新。

从融资比较优势角度看,银行与企业之间存在信息不对称问题,造成银行信贷配给现象,而供应商在获取企业信息时更具优势,在货币政策紧缩时期,供应商为提高利润率会向下游企业主动提供商业信用(Fishman and Love,2003;Rathnayake et al.,2021a)。在货币政策紧缩时期,上市公司上游方的供应商处于弱势地位,为了企业生产发展迫于无奈向企业提供商业信用(陆正飞和杨德明,2011),并且这个时期存货堆积严重占用资金,售出商品延迟收款对企业来说是比较好的选择(袁卫秋等,2017;田朔和齐丹丹,2019)。在货币政策紧缩时期,企业为了提高利润率主动提供商业信用,Petersen 和 Rajan(1997)指出银根紧缩时期企业提供商业信用有如下原因,一个是合作方较银行具有获取企业信息的优势,另一个就是出于合作关系和自身利润率的考虑。因此，在货币政策紧缩时期提供商业信用在一定程度上提高了企业市场竞争力，增加了市场份额，带来了企业利润的增加，使企业有足够的资金用于投资研发，从而促进技术创新。

基于上述分析，在货币政策紧缩时期，银行贷款减少，获得商业信用能够为企业带来资金，缓解融资约束，进而促进创新；提供商业信用可以有效增加企业利润率，带来现金流的增加，进而促进创新。

因此，提出研究假设 5.1.1：在货币政策紧缩时期，企业获得商业信用可以有效缓解融资约束，而提供商业信用增加企业利润率，显著促进企业技术创新。

二　实证检验

（一）基于工业企业数据

对于货币政策（MP）的度量，本书参考陆正飞和杨德明（2011）的做法，使用年度数据（M2 增长率 – GDP 增长率 – CPI 增长率）的差值作为衡量当年货币政策的代理指标，将样本期间 MP 值大于中位值的年份作为货币政策宽松时期，MP 值小于中位值的年份作为货币政策紧缩时期。基于上述研究思路，本书将 2000 年、2004 年、2006 年、2007 年、2008 年定义为货币政策紧缩时期（MP = 0），将 1998 年、1999 年、2001 年、2002 年、2003 年、2005 年、2009 年定义为货币政策宽松时期（MP = 1），这种分类与现实也相符。图 5.1.1 至图 5.1.6 为不同货币政策下不同种类企业专利均值比较。

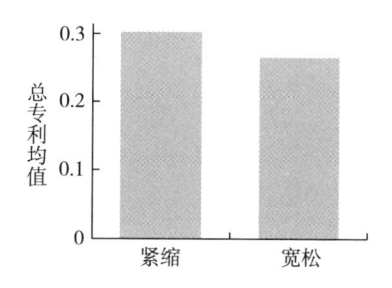

图 5.1.1　不同货币政策下企业专利总量均值

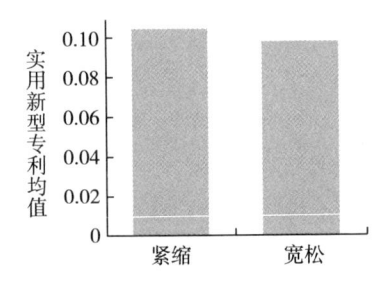

图 5.1.2　不同货币政策下实用新型专利均值

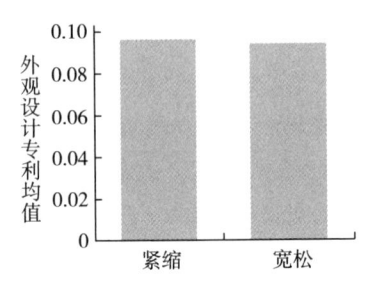

图 5.1.3　不同货币政策下外观设计专利均值

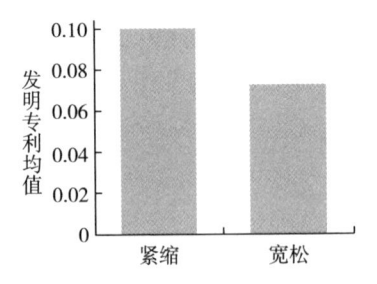

图 5.1.4　不同货币政策下发明专利均值

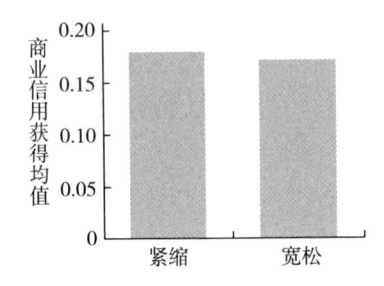

图 5.1.5　不同货币政策下商业信用获得均值

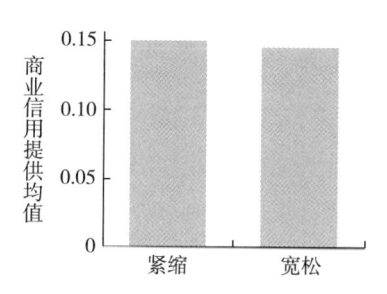

图 5.1.6　不同货币政策下商业信用提供均值

研发投入产出具有一定的延迟性,同时控制商业信用与创新可能存在双向因果关系,故本阶段利用创新的 $t+1$ 期进行回归分析。

表 5.1.1 中的结果显示,提供商业信用在货币政策紧缩时期能够显著促进企业创新决策和增加创新数量,但在货币政策宽松时期的影响并不显著。获得商业信用在货币政策宽松和紧缩时期均能够显著促进创新决策和增加创新数量。进一步分析回归系数发现,在货币政策紧缩时期获得商业信用对创新产出的影响明显高于货币政策宽松时期,出现这一结果的原因是商业信用的使用确实能够帮助企业减少因为信贷周期变化带来的融资约束问题,增加企业现金流,见表 5.1.2。这一观点与石晓军和李杰(2009)认为商业信用能够在紧缩银根的信贷政策中起到抵消其消极影响的观点一致,商业信用可以减轻企业融资约束从而显著提高创新水平。

表 5.1.1　　　　　　　　$t+1$ 期影响回归结果

变量	货币政策宽松时期		货币政策紧缩时期	
	创新决策	创新数量	创新决策	创新数量
AR	-0.017	-0.113	0.071***	0.188***
	(0.036)	(0.107)	(0.017)	(0.061)
AP	0.187***	0.668***	0.216***	0.757***
	(0.036)	(0.107)	(0.017)	(0.059)
ROA	-0.365***	-1.171***	-0.447***	-1.469***
	(0.053)	(0.158)	(0.021)	(0.073)

续表

变量	货币政策宽松时期		货币政策紧缩时期	
	创新决策	创新数量	创新决策	创新数量
Bank	-2.302***	-7.549***	-1.013***	-3.260***
	(0.356)	(1.098)	(0.138)	(0.496)
Kintensity	0.127***	0.424***	0.115***	0.392***
	(0.005)	(0.016)	(0.002)	(0.009)
HHI	0.044***	0.145***	0.056***	0.191***
	(0.006)	(0.019)	(0.003)	(0.012)
Owncat	-0.006	-0.024	-0.025***	-0.087***
	(0.007)	(0.023)	(0.003)	(0.014)
Age	0.200***	0.668***	0.208***	0.706***
	(0.007)	(0.023)	(0.003)	(0.014)
观测值	159741	159741	463330	463330
Pseudo R^2	0.07	0.05	0.07	0.05

表5.1.2中的结果显示，提供商业信用在货币政策宽松时期能够显著促进高质量创新产出的增加，抑制低质量创新产出；在货币政策紧缩时期，显著促进高质量创新产出，对低质量创新产出的影响并不显著。进一步研究发现，获得商业信用对创新的促进作用在整体上表现为在货币政策紧缩时期优于在宽松时期，即商业信用充当了替代性融资，增加企业资金，减轻融资约束，进而促进了创新。提供商业信用对高质量创新的正向影响在货币政策紧缩时期的表现更佳，这是因为高质量创新能显著提高企业地位，为增强市场竞争力。企业把提供商业信用作为增加市场利润率的一种手段，提供力度的增大使其销售收入增加，企业现金流增多，进而提高高质量创新水平。实证研究验证了研究假设5.1.1，即在货币政策紧缩时期提供和获得商业信用均对技术创新的促进作用更为显著。

表 5.1.2　　　　　　　　$t+1$ 期影响回归结果

变量	货币政策宽松时期		货币政策紧缩时期	
	高质量	低质量	高质量	低质量
AR	0.416***	-0.472***	0.641***	-0.085
	(0.132)	(0.120)	(0.068)	(0.067)
AP	0.144	0.964***	0.173**	1.056***
	(0.140)	(0.120)	(0.070)	(0.065)
ROA	-0.512***	-1.452***	-0.909***	-1.692***
	(0.179)	(0.190)	(0.076)	(0.084)
Bank	-5.622***	-8.477***	-2.815***	-3.306***
	(1.323)	(1.357)	(0.528)	(0.580)
Kintensity	0.577***	0.322***	0.499***	0.304***
	(0.020)	(0.017)	(0.011)	(0.010)
HHI	0.133***	0.121***	0.163***	0.200***
	(0.022)	(0.022)	(0.013)	(0.013)
Owncat	0.066**	-0.076***	-0.043***	-0.131***
	(0.028)	(0.027)	(0.016)	(0.016)
Age	0.669***	0.675***	0.667***	0.719***
	(0.028)	(0.026)	(0.017)	(0.016)
观测值	429992	429992	939597	939597
Pseudo R^2	0.08	0.07	0.07	0.06

（二）基于上市公司数据

参考陆正飞和杨德明（2011）的做法，使用年度数据（M2 增长率 - GDP 增长率 - CPI 增长率）的差值作为衡量当年货币政策的代理指标，将样本期间 MP 值较大的八年作为货币政策宽松时期，将 MP 值较小的九年作为货币政策紧缩时期。基于上述研究思路，本书将 2004 年、2005 年、2006 年、2007 年、2008 年、2010 年、2011 年、2013 年、2014 年定义为货币政策紧缩时期，将 1999 年、2000 年、2001 年、2002 年、2003 年、2009 年、2012 年、2015 年定义为货币政策宽松时期，这种分类与现实也相符。表 5.1.3 汇报了相应年份的货币政策宽松、紧缩情况。相关变量的数值见表5.1.4和表5.1.5。

表5.1.3　　　　　　　　样本期间的货币政策情况

年份	M2增长率	GDP增长率	CPI增长率	MP
1999	0.147	0.063	-0.014	0.098
2000	0.123	0.107	0.004	0.011
2001	0.176	0.106	0.007	0.063
2002	0.169	0.098	-0.008	0.079
2003	0.196	0.129	0.012	0.055
2004	0.149	0.178	0.039	-0.068
2005	0.176	0.157	0.018	0.001
2006	0.157	0.171	0.015	-0.03
2007	0.167	0.231	0.048	-0.112
2008	0.054	0.182	0.059	-0.188
2009	0.435	0.093	-0.007	0.345
2010	0.19	0.183	0.033	-0.027
2011	0.173	0.185	0.054	-0.065
2012	0.144	0.104	0.026	0.014
2013	0.136	0.102	0.026	0.008
2014	0.11	0.082	0.02	0.008
2015	0.133	0.07	0.014	0.049

如表5.1.4、表5.1.5所示，在货币政策紧缩时期，获得商业信用的均值是0.169，提供商业信用的均值是0.177；在货币政策宽松时期，提供商业信用的均值是0.169，获得商业信用的均值是0.155。在货币政策紧缩时期商业信用的提供和获得方面都明显高于在货币政策宽松时期，侧面佐证了商业信用是银行贷款等正规融资渠道有效补充的观点。

表 5.1.4　　　　　货币政策紧缩时期变量的描述性统计

变量	观测值	均值	标准差	最小值	最大值
Liq	12056	2.385	2.905	0.262	18.32
AR	12057	0.177	0.114	0	0.975
AP	12057	0.169	0.124	0.001	0.977
Lev	12057	0.458	0.221	0.049	1.058
ROA	12057	0.062	0.068	−0.190	0.271
$Growth$	12054	0.187	0.331	−0.567	1.926
$Size$	12057	21.70	1.262	17.23	28.51
Age	12057	2.704	0.331	0.693	4.190
$Inno$	12057	2.017	1.627	0	8.650
$Inno\_i$	12057	1.322	1.386	0	8.569
$Inno\_u$	12057	1.308	1.470	0	8.111
$Inno\_d$	12057	0.552	1.062	0	6.373

表 5.1.5　　　　　货币政策宽松时期变量的描述性统计

变量	观测值	均值	标准差	最小值	最大值
Liq	7816	2.349	2.646	0.262	18.32
AR	7816	0.169	0.113	0	0.869
AP	7816	0.155	0.116	0	0.878
Lev	7816	0.443	0.212	0.049	1.058
ROA	7816	0.057	0.066	−0.190	0.271
$Growth$	7812	0.128	0.368	−0.567	1.926
$Size$	7816	21.68	1.266	17.05	28.50
Age	7816	2.647	0.444	0.693	4.060
$Inno$	7816	2.029	1.654	0	9.296
$Inno\_i$	7816	1.299	1.417	0	8.678
$Inno\_u$	7816	1.353	1.495	0	8.705
$Inno\_d$	7816	0.554	1.059	0	6.526

表 5.1.6 为不同货币政策下的基准回归结果，除了 $Inno\_d$ 回归结果的 Pseudo R^2（Pseudo $R^2 \geq 0.05$ 时模型的估计结果是有效的）

没有通过检验,其他方程均通过了检验。从表中的回归数据可以看出,不管是在货币政策宽松时期还是在紧缩时期,商业信用对技术创新的影响都在1%的显著性水平上为正,即企业使用商业信用促进了创新活动。具体来看,在货币政策紧缩(宽松)时期,获得商业信用对发明专利(实用新型专利和外观设计专利)的影响在1%的显著性水平上为正,即企业获得商业信用越多,企业高质量(低质量)创新产出越高。更进一步的研究发现获得商业信用对创新的影响在货币政策宽松时期大于在紧缩时期,这好像与本书的假设不符,可能存在的原因是,在货币政策宽松时期,上市企业外部融资环境良好,易通过各种途径获得资金支持,而企业获得商业信用则进一步改善了内部现金流及经营状况,从而促进了创新。提供商业信用对创新的影响在货币政策紧缩时期大于在宽松时期,与假设相符,即在货币政策紧缩时期,企业为提高市场竞争力、增加利润率而提供商业信用,带来市场份额增加,从而促进了创新。

表5.1.6　　　　　　　　　不同货币政策下的回归结果

变量	货币政策紧缩时期				货币政策宽松时期			
	$Inno$	$Inno\_i$	$Inno\_u$	$Inno\_d$	$Inno$	$Inno\_i$	$Inno\_u$	$Inno\_d$
AP	2.457***	1.41***	3.267***	4.65***	2.65***	1.50***	3.414***	5.12***
	(0.317)	(0.30)	(0.352)	(0.581)	(0.320)	(0.315)	(0.347)	(0.578)
AR	3.594***	3.557***	4.023***	1.78***	3.51***	3.52***	4.045***	1.52***
	(0.311)	(0.30)	(0.344)	(0.514)	(0.282)	(0.277)	(0.310)	(0.485)
控制变量	控制	控制	控制	控制	控制	控制	控制	控制
Pseudo R^2	0.0801	0.086	0.0870	0.0251	0.09252	0.1230	0.1003	0.0265

三　小结

在货币政策紧缩时期,银行信贷规模较少,企业面临融资难、融资贵的现状,信贷配给现象的存在加剧了这一消极影响,并不利于企业生产发展,而商业信用作为一种非正规融资模式得到广泛关注。本节从外部环境货币政策出发,研究商业信用对创新的结构性影响。通过实证分析发现：在货币政策紧缩时期，企业使用商业信用（提供、获得）对技术创新的促进作用更加明显。可能的原因是：在货币政策紧缩时期，商业信用的存在能够减轻企业面临的融资约束，带来现金流的增加，进而促进创新。提供商业信用也被认为是一种企业提升市场地位的手段，提供商业信用能够提升企业在市场中的竞争力，增加利润率，企业整体上的资金增加带来了创新产出的增加。

第二节　商业信用对技术创新的结构性影响
——地区差异分析

近年来，我国经济快速发展，但目前各地区发展水平并不平衡，各地区金融发展水平、政府干预经济程度、法律完善程度与社会资本水平均存在较大差异（樊纲和王小鲁，2011；随洪光，2017；周瑾等，2018），企业使用商业信用也因此存在不同，进而对企业创新的影响存在差距。因此，本节基于地区差异研究商业信用对技术创新的结构性影响。

一　理论假设提出

（一）金融发展水平

金融发展指金融交易规模的扩大和金融产业的高度化过程带来金融效率的持续提高，体现为金融压制的消除、金融结构的改善，即金融工具的创新和金融机构适应经济发展的多样化。不同金融发展水平下企业信息不对称程度不同，融资难易程度不同，企业使用商业信用也会不同。

在金融发展水平较高的情形下，企业更容易获得外部融资，进而有利于企业拿出更多的资金通过信用方式销售产品（余明桂和潘红波，2010；陈敏和方意，2020），即在金融发展水平越高的地区，企业能够从供应商处获得更多的商业信用，由此可以解决企业的融资约束（曹向和匡小平，2013；Zhou et al.，2021），进而解决企业创新资金短缺问题，促进企业创新。而在金融发展水平较低的地区，企业融资困难，需要提供商业信用向银行传递自身经营良好的信号，由此获得更多的银行贷款，解决企业的融资约束与创新资金短缺问题，进而促进企业创新（蔡文霞和邱悦爽，2018）。此外，企业提供商业信用可以更好地参与产品市场竞争，提高企业经营绩效（牛培路和白俊，2013），为技术创新提供资金支持。

基于上述分析，提出研究假设 5.2.1：在金融发展水平较高时，企业获得商业信用对技术创新的促进作用较为显著；而在金融发展水平较低时，企业提供商业信用对技术创新的促进作用较为明显。

（二）政府干预

契约理论（Coase，1937）认为制度对企业契约起着决定性作用，制度环境对企业的融资决策产生重要影响。虽然我国经济发展迅速，但是各地市场化进程发展并不平衡，各地区政府对经济的干预水平差异明显（樊纲和王小鲁，2011；张志新，2019）。

一般来讲，政府对金融行业的过度干预会产生明显的金融抑制。金融抑制程度较高的行业或地区，往往会伴随出现较强的商业信用二次分配功能。也就是说，在政府干预较强时，国有企业比民营企业享有更多制度上和政策上的优惠和扶持（方军雄，2007；Rathnayake et al.，2019b；许家云和毛其淋，2019），政府通过干预银行的信贷决策，为国有企业提供贷款支持（余明桂和潘红波，2008），此时，国有企业获得的银行信用将增多，资金也更加充裕；同时，提供商业信用会进一步增加企业的市场份额和利润，但由于国企承担完成地方创新指标的任务，国有企业在增大盈利的同时也会加大资金投资来促进企业创新的数量型增长（黎文靖和杨曼妮，2016；于国才，2019）。由于政府的过多干预，民营企业面临着程度更大的所有权歧视，面临的市场竞争比较激烈，民营上市公司比国有上市公司更有动机提供商业信用（曹向等，2013），民营企业一方面通过提高商业信用提升市场销量和利润，另一方面会从竞争力源泉着手加大企业研发，使产品在市场更具有竞争力（张红霞，2018）。

而在政府干预经济较弱的地区，经济个体按照市场化原则建立基于各自经济效率最大化的商业信用融资契约（Peterson and Rajan，1997），并在此基础上利用长期经济业务往来中建立的稳定关系形成大量稳定的资金来源进行创新，此时企业的商业信用融资能够促进企业创新。

基于上述分析提出研究假设 5.2.2：在政府干预程度较强时，企业提供商业信用对技术创新的促进作用较显著；在政府干预程度较弱时，企业获得商业信用对技术创新的促进作用较明显。

（三）法治水平和知识产权保护水平

法与金融学派提出一国的法律制度可通过不同途径影响其金融的发展。处于转轨阶段的发展中国家，法治环境等制度因素是影响转轨进程和经济增长的重要因素。目前与企业商业信用直接相关的法律是《物权法》，姜军（2017）研究发现《物权法》提升了债权人保护水平，有利于促进企业的技术创新，并且保护程度的提高有利于债权人为企业提供更多的资金，也将促进企业的技术创新。但是，法律的执行依赖于地区的法治水平，因此法治水平是影响商业信用行为效果的重要因素。此外，法律环境保护了债权人权益有助于商业信用融资，知识产权则直接影响对企业创新成果的保护，因此知识产权保护水平直接影响到了企业对技术创新的投入，企业如果资金得到保证，创新成果得到法律的保护，也会加大对研发的投入。

严若森和姜潇（2019）认为企业的研发活动一旦失败，研发投入的资金将变成沉没成本，债权人将承担巨大的坏账风险，如果地区法治水平较低则进一步加大了债权人的风险。因此，企业的研发项目较难获得银行信贷融资进而约束企业创新研发投入。而当地区的法治水平较高时，企业更容易获得商业信用，企业获得商业信用可以缓解银行歧视带来的融资约束，加上地区对知识产权的高水平保护，企业有动力投入更多资金用于创新研发，因此地区法治水平越高，获得商业信用对企业创新的促进效果就越好；在法治水平和知识产权水平较低的地区，正式制度不健全，对债权人的保护力度不够，但供应商对企业的日常交易活动和经营状况有较为深入的了解，因此，比银行更具有信息优势，并能够以较低的成本评估企业信用，此时提供商业信用能够利用信息优势拓宽市场，增加异质性客户的接触，增加创新研发的动力。

基于以上分析提出研究假设 5.2.3：在法治水平和知识产权保护水平较高的地区，获得商业信用对企业创新的促进作用更加显著。而在法治水平和知识产权保护水平较低的地区，提供商业信用对企业创新的促进作用则更为显著。

（四）社会资本

非正式制度和正式制度共同支撑着资本市场与社会经济的运行，正式制度的间隙和漏洞主要通过各种非正式关系解决（边燕杰和丘海雄，2000；吴石磊，2016；Zhuang et al.，2017；刘鹏程，2021；Rathnayake et al.，2019）。相比法律制度，社会资本是一种非正式制度，在法律等正式制度不健全的地区是一种很好的补充（张志新，2019）。徐业坤和李维安（2016）证实了社会资本与法律对企业债务融资的影响同样存在替代关系，表现为在法律环境较差的地区，社会资本对民营企业债务融资的影响更为明显，而随着法治环境的改善，社会资本的作用有所减弱。

社会资本通过影响经济活动参与人的激励、预期和行为，促进债务交易合约的实现（随洪光等，2017），因此，获得商业信用的企业可以缓解财务资本的不足，获得充足的资金保证，促进企业的技术创新。Long 等（1993）认为在公司的产品质量存在信息不对称或缺乏建立公司声誉的有效途径时，公司可以通过提供商业信用来证明产品质量并建立声誉，但当社会资本较高的时候信息已经在企业间进行有效率的传递了，用这个方法提高声誉的边际作用很小，所以在低社会资本地区提供商业信用可以获得更好的市场效应，获得更多的市场份额，保障了创新的资金实力和激励动力。

基于以上分析提出研究假设 5.2.4：在社会资本高的地区，获得商业信用对企业创新的促进作用更加显著；在社会资本低的地区，提供商业信用对企业创新的促进作用则更为显著。

二 实证检验

(一) 金融发展水平

1. 基于工业企业数据

根据各地区金融发展水平，将中国各省份平均分为高低两组，分组采用樊纲和王小鲁在《中国市场化指数》（2011 版）中的标准。本节借鉴曹向和匡小平（2013）的衡量方法，采用市场化指数体系中"金融业的市场化"这一指标衡量金融发展水平，指数越大，金融发展水平越高。樊纲和王小鲁编写的《中国市场化指数》（2011 版）报告了 1999—2009 年金融业市场化指数，本书将所有省份的"金融业的市场化"指数求均值，然后按照均值进行排序，高于样本中位数的省份为金融发展水平较高的地区，低于样本中位数的省份为金融发展水平较低的地区。最终得到浙江、上海、广东、江苏、山东、重庆、辽宁、海南、河北、河南、福建、天津、宁夏、山西、安徽、北京为金融发展水平高的地区；湖南、云南、山西、湖北、四川、江西、广西、贵州、吉林、内蒙古、甘肃、新疆、黑龙江、青海和西藏为金融发展水平低的地区。

图 5.2.1 至图 5.2.6 为不同金融发展水平下专利申请与商业信用使用之间的均值比较。

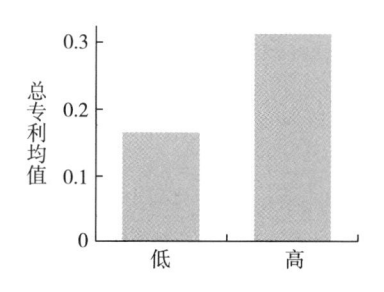

图 5.2.1 不同金融发展水平地区总专利均值

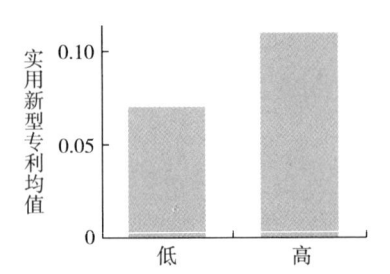

图 5.2.2　不同金融发展水平的实用新型专利均值

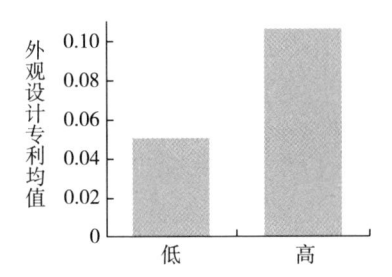

图 5.2.3　不同金融发展水平地区外观设计均值

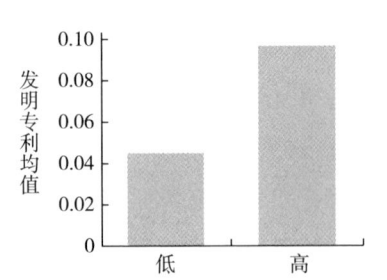

图 5.2.4　不同金融发展水平地区发明专利均值

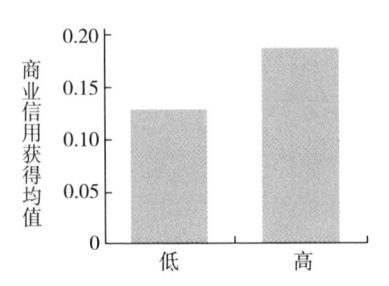

图 5.2.5　不同金融发展地区商业信用获得均值

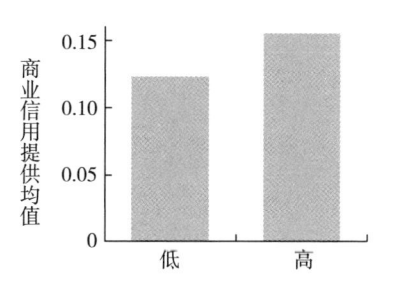

图 5.2.6　不同金融发展地区商业信用提供均值

表 5.2.1 为不同金融发展水平下，商业信用对企业创新决策与创新数量影响的研究结果。

表 5.2.1　不同金融发展水平下商业信用影响创新决策和数量的回归结果

		提供商业信用		获得商业信用	
		金融发展水平高的地区	金融发展水平低的地区	金融发展水平高的地区	金融发展水平低的地区
创新决策	t 期	-0.052*** (0.014)	0.567*** (0.034)	0.210*** (0.014)	-0.003 (0.034)
	$t+1$ 期	-0.045*** (0.017)	0.573*** (0.041)	0.238*** (0.017)	-0.032 (0.040)
	$t+2$ 期	-0.033* (0.019)	0.569*** (0.048)	0.246*** (0.019)	0.011 (0.048)
创新数量	t 期	-0.217*** (0.055)	1.787*** (0.124)	0.736*** (0.053)	-0.002 (0.115)
	$t+1$ 期	-0.199*** (0.064)	1.806*** (0.145)	0.833*** (0.06)	-0.082 (0.140)
	$t+2$ 期	-0.163** (0.070)	1.796*** (0.168)	0.852*** (0.069)	0.059 (0.164)

通过表 5.2.1 可以得出，在金融发展水平高的地区，获得商业信用的回归系数显著为正，表明获得商业信用显著促进了技术创新（创新决策和创新产出数量），而在金融发展水平低的地区，提供商

业信用的回归系数显著为正,说明提供商业信用显著促进了技术创新。这验证了理论假设 5.2.1,即在金融发展水平高的地区,获得商业信用更有利于技术创新,在金融发展水平低的地区,提供商业信用更有利于技术创新。

进一步,考察不同金融发展水平下商业信用对不同类型的技术创新产生的影响。对此,本书区分创新质量进行回归,结果如表 5.2.2 所示。

表 5.2.2 不同金融发展水平下商业信用影响创新质量的回归结果

		提供商业信用		获得商业信用	
		金融发展水平高的地区	金融发展水平低的地区	金融发展水平高的地区	金融发展水平低的地区
高质量	t 期	0.399*** (0.060)	1.605*** (0.138)	0.117* (0.061)	-0.515*** (0.132)
	$t+1$ 期	0.436*** (0.072)	1.498*** (0.168)	0.247*** (0.074)	-0.394** (0.160)
	$t+2$ 期	0.447*** (0.076)	1.447*** (0.185)	0.376*** (0.077)	-0.163 (0.187)
低质量	t 期	-0.467*** (0.057)	1.739*** (0.136)	0.933*** (0.055)	0.302** (0.126)
	$t+1$ 期	-0.511*** (0.070)	1.780*** (0.166)	1.096*** (0.069)	0.339** (0.164)
	$t+2$ 期	-0.515*** (0.077)	1.646*** (0.193)	1.084*** (0.075)	0.521*** (0.192)

研究发现,区分创新类型后,不管是对高质量创新还是对低质量创新,获得商业信用在金融发展水平高的地区的促进作用更明显。提供商业信用在金融发展水平高的地区只促进了高质量创新,抑制了低质量创新;在金融发展水平低的地区,却能够促进不同类型的技术创新。这说明地区金融发展水平的增加有利于商业信用对

技术创新促进作用的发挥，但同时也不能忽视金融发展水平落后地区商业信用的补充作用。

2. 基于上市公司数据

本节根据各地区金融发展水平将中国的省份平均分为高低两组，分组采用最新《中国市场化指数》（2016版）中的标准。本阶段借鉴曹向和匡小平（2013）的衡量方法，采用市场化指数体系中"金融业的市场化"这一指标衡量金融发展水平，其指数越大，金融发展水平越高，在樊纲和王小鲁的《中国市场化指数》（2016版）中，只报告了2008年、2010年、2012年、2014年的市场化指数，本书将所有省份这四年的"金融业的市场化"指数加总，并按照加总值将所有的省份分类，高于样本中位数的省份为金融发展水平高的地区，低于样本中位数的省份为金融发展水平低的地区。各省份的金融业市场化指数如表5.2.3所示。

表5.2.3　　　　　　　　地区的金融发展水平

省份	金融业的市场化指数	省份	金融业的市场化指数
浙江	41.82	安徽	25.45
山东	36.62	重庆	24.71
广东	35.58	云南	24.25
江苏	34.11	天津	22.34
辽宁	33.22	广西	22.19
福建	32.67	湖南	22.1
上海	31.24	甘肃	21.96
河北	30.16	黑龙江	20.3
河南	29.65	北京	19.89
江西	27.48	陕西	19.41
内蒙古	27.27	海南	18.56
宁夏	27.1	新疆	18.5
湖北	26.86	贵州	18.29
山西	26.11	青海	11.57
四川	25.8	西藏	3.98
吉林	25.62		

如表 5.2.3 所示，按照指数的大小，金融发展水平较低的地区（指数由小到大）有西藏、青海、贵州、新疆、海南、陕西、北京、黑龙江、甘肃、湖南、广西、天津、云南、重庆、安徽；金融发展水平较高的地区（指数由小到大）有吉林、四川、山西、湖北、宁夏、内蒙古、江西、河南、河北、上海、福建、辽宁、江苏、广东、山东、浙江。

表 5.2.4 和表 5.2.5 分别为不同金融发展水平下的变量描述性统计结果，不难发现，在金融发展水平高的地区，企业使用商业信用的程度高于金融发展水平低的地区，并且企业创新活动在金融发展水平高的地区相较于低的地区明显活跃。在回归中，将继续采用工业企业分析时的办法，将实用新型专利和外观设计专利合并为低质量创新（$Inno\_l$），将发明专利数量定义为高质量创新（$Inno\_i$），以此观察上市企业高低质量创新在不同情况下受商业信用的影响。

表 5.2.4　　　　　　　　金融发展水平低的地区

变量	观测值	均值	标准差	最小值	最大值
Liq	6216	2.383	2.877	0.262	18.32
AR	6216	0.169	0.115	0	0.975
AP	6216	0.161	0.124	0	0.811
Lev	6216	0.460	0.216	0.049	1.058
ROA	6216	0.054	0.068	−0.190	0.271
$Growth$	6215	0.167	0.365	−0.567	1.926
$Size$	6216	21.86	1.455	17.23	28.51
Age	6216	2.655	0.402	0.693	3.689
$Inno$	6216	2.016	1.739	0	8.939
$Inno\_i$	6216	1.368	1.518	0	8.646
$Inno\_u$	6216	1.316	1.577	0	7.588
$Inno\_d$	6216	0.500	1.015	0	6.526

表 5.2.5 金融发展水平高的地区

变量	观测值	均值	标准差	最小值	最大值
Liq	16409	2.395	2.728	0.262	18.32
AR	16410	0.175	0.115	0	0.872
AP	16410	0.163	0.119	0	0.977
Lev	16410	0.442	0.217	0.049	1.058
ROA	16410	0.063	0.066	-0.190	0.271
$Growth$	16404	0.165	0.346	-0.567	1.926
$Size$	16410	21.71	1.205	17.05	27.45
Age	16410	2.732	0.376	0.693	4.220
$Inno$	16410	2.106	1.622	0	9.296
$Inno\_i$	16410	1.364	1.382	0	8.678
$Inno\_u$	16410	1.410	1.475	0	8.708
$Inno\_d$	16410	0.587	1.089	0	6.529

表 5.2.6 为不同金融发展水平下,商业信用对企业创新产出数量与创新质量影响的研究结果。

表 5.2.6 金融发展水平不同的地区回归结果

变量	金融发展水平低的地区			金融发展水平高的地区		
	$Inno$	$Inno\_i$	$Inno\_l$	$Inno$	$Inno\_i$	$Inno\_l$
AP	1.962***	1.042*	2.739***	2.731***	1.629***	3.498***
	(0.582)	(0.562)	(0.625)	(0.332)	(0.320)	(0.365)
AR	3.608***	3.535***	3.646***	3.484***	3.507***	3.259***
	(0.531)	(0.542)	(0.544)	(0.310)	(0.301)	(0.339)
控制变量	控制	控制	控制	控制	控制	控制
常数项	-12.69***	-15.11***	-13.31***	-10.36***	-12.30***	-10.72***
	(1.203)	(1.385)	(1.211)	(0.840)	(0.874)	(0.894)
Pseudo R^2	0.0978	0.1132	0.0929	0.08	0.0944	0.0656

表 5.2.6 为基准回归结果，采用了混合 Tobit 模型。表中结果显示，从总体上看，无论在金融发展水平高还是低的地区，企业获得商业信用与提供商业信用均显著促进创新活动。观察回归系数发现，在金融发展水平高的地区，企业获得商业信用对技术创新的正向影响显著大于在金融发展水平低的地区。而提供商业信用对创新的正向影响在金融发展水平低的地区的企业大于在金融发展水平高的地区的企业。由此，本书的研究验证了研究假设 5.2.1，即金融发展水平高的地区，企业更容易获得商业信用，通过缓解资金约束，促进技术创新；金融发展水平低的地区，企业较难获得外部资金，可以通过提供商业信用，获得市场份额，增加销售收入，或者通过提供商业信用的信号效应从银行获得信贷资金，增加资金来源，促进技术创新。

（二）政府干预

1. 基于工业企业数据

本部分采用《中国市场化指数》（2011 版）编制的中国各地区（包括 31 个省、自治区和直辖市）的市场化指数体系来衡量市场化程度特征。政府干预经济的程度通过市场化指数体系中"减少政府对企业的干预"这一指标进行衡量，指数数值越大说明政府干预经济越不强烈。当企业所在省份的这个指数高于样本中位数时，本书就将政府干预经济程度的虚拟变量（Gov）取值为 1（政府干预弱），否则为 0（政府干预强）。干预较弱的省份有天津、江苏、上海、浙江、广东、山东、安徽、北京、福建、江西、重庆、吉林、河南、湖北、辽宁和四川；干预较强的省份有黑龙江、广西、海南、云南、湖南、河北、山西、宁夏、甘肃、贵州、陕西、青海、内蒙古、新疆和西藏。

由图 5.2.7 至图 5.2.12 可以看出，政府干预程度弱的地区的企业创新与使用商业信用的均值普遍高于政府干预强的地区的企业。

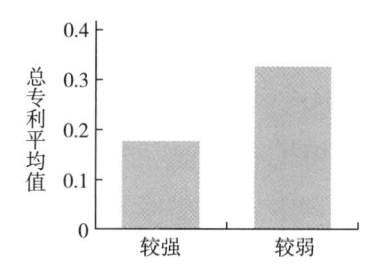

图 5.2.7　政府干预程度与总专利均值

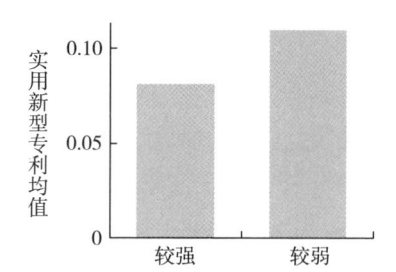

图 5.2.8　政府干预程度与实用新型专利均值

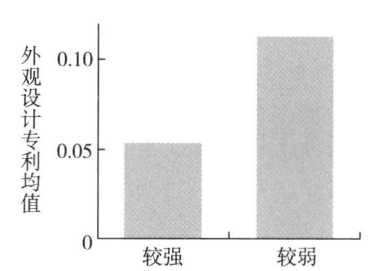

图 5.2.9　政府干预程度与外观设计专利均值

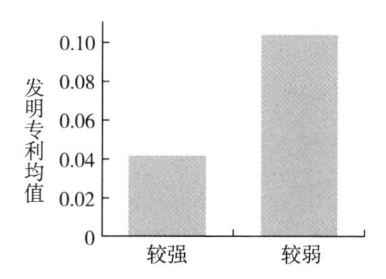

图 5.2.10　政府干预程度与发明专利均值

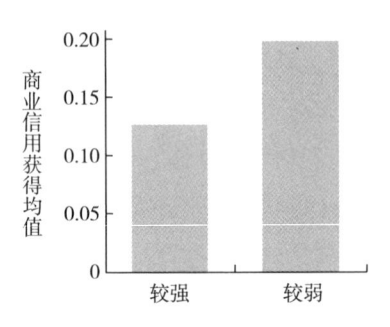

图 5.2.11　政府干预程度与商业信用获得均值

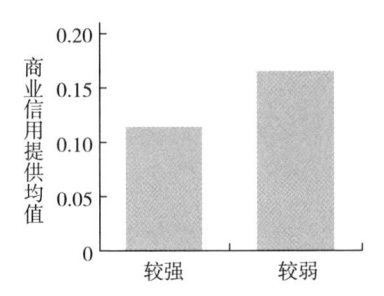

图 5.2.12　政府干预程度与商业信用提供均值

表 5.2.7 为不同政府干预程度下，商业信用对企业创新数量与创新决策的影响研究结果。

表 5.2.7　商业信用对不同干预程度地区企业的影响

		提供商业信用		获得商业信用	
		政府干预弱	政府干预强	政府干预弱	政府干预强
创新数量	t 期	-0.398*** (0.054)	1.605*** (0.124)	0.620*** (0.054)	0.523*** (0.109)
	$t+1$ 期	-0.430*** (0.064)	1.747*** (0.142)	0.719*** (0.063)	0.494*** (0.127)
	$t+2$ 期	-0.368*** (0.070)	1.557*** (0.163)	0.744*** (0.070)	0.621*** (0.143)

续表

		提供商业信用		获得商业信用	
		政府干预弱	政府干预强	政府干预弱	政府干预强
创新决策	t 期	-0.109*** (0.014)	0.476*** (0.031)	0.177*** (0.014)	0.146*** (0.029)
	$t+1$ 期	-0.116*** (0.017)	0.511*** (0.035)	0.207*** (0.017)	0.134*** (0.034)
	$t+2$ 期	-0.096*** (0.019)	0.459*** (0.042)	0.217*** (0.019)	0.167*** (0.039)

表 5.2.7 中的结果显示，提供商业信用在政府干预强的地区能够显著促进创新数量的增加，在政府干预弱的地区反而不利于创新。获得商业信用不管是在政府干预强还是在政府干预弱的地区均能显著促进创新，但是通过观察系数可以发现，在政府干预弱的地区，其促进作用更为明显。由此，验证了研究假设 5.2.2，即政府干预程度较强时，企业提高商业信用对技术创新的促进作用较显著，而在政府干预程度较弱时，企业获得商业信用对技术创新的促进作用较明显。

表 5.2.8 为进一步考察不同政府干预程度下商业信用对企业创新质量的影响研究结果。

表 5.2.8　商业信用对不同干预程度地区企业创新质量的影响

		提供商业信用		获得商业信用	
		政府干预弱	政府干预强	政府干预弱	政府干预强
高质量创新	t 期	0.238*** (0.060)	1.532*** (0.131)	0.004 (0.063)	-0.003 (0.117)
	$t+1$ 期	0.209*** (0.073)	1.609*** (0.153)	0.157** (0.077)	0.048 (0.140)
低质量创新	t 期	-0.618*** (0.058)	1.487*** (0.135)	0.831*** (0.056)	0.780*** (0.117)
	$t+1$ 期	-0.745*** (0.071)	1.689*** (0.159)	0.986*** (0.071)	0.875*** (0.143)

表 5.2.8 中的结果显示,虽然在政府干预强的地区,商业信用促进了技术创新,但是,提供商业信用能够显著抑制低质量技术创新,促进高质量创新。获得商业信用对技术创新的促进作用在政府干预弱的地区明显高于在政府干预强的地区。

2. 基于上市公司数据

按照政府对经济的干预程度将样本分为两组,政府对经济的干预程度指标的选取与工业企业分析中的相同。本节借鉴曹向和匡小平(2013)的做法,分组标准采用樊纲和王小鲁《中国市场化指数》(2016 版)中"减少政府对企业的干预"这一指标进行衡量,指数越大,表示政府对经济的干预越少。当企业所在省份的该指数高于样本中位数时,本书将其视为政府干预经济较少的地区;当该指数低于样本中位数时,将其视为政府干预经济较多的地区。在樊纲和王小鲁的《中国市场化指数》(2016 版)中,只报告了 2008 年、2010 年、2012 年、2014 年的"减少政府对企业的干预"指数。本书将所有省份这四年的"减少政府对企业的干预"指数加总计算然后排序分组。分组结果如表 5.2.9 所示。

表 5.2.9　　政府对经济的干预程度

省份	减少政府对企业的干预	省份	减少政府对企业的干预
天津	35.74	黑龙江	13.88
江苏	34.23	广西	13.65
上海	31.53	海南	11.56
浙江	29.93	云南	11.03
广东	25.87	湖南	8.47
山东	22.65	河北	7.12
安徽	22.35	山西	5.86
北京	19.81	宁夏	4.85
福建	18.68	甘肃	4.77
江西	17.26	贵州	3.74

续表

省份	减少政府对企业的干预	省份	减少政府对企业的干预
重庆	16.26	陕西	2.77
吉林	16.17	青海	1.14
河南	14.93	内蒙古	-1.22
湖北	14.76	新疆	-5.29
辽宁	14.7	西藏	-6.8
四川	14.56		

如表 5.2.9 所示，政府对经济干预程度较强的地区有西藏、新疆、内蒙古、青海、陕西、贵州、甘肃、宁夏、山西、河北、湖南、云南、海南、广西、黑龙江。政府对经济干预程度较低的地区有四川、辽宁、湖北、河南、吉林、重庆、江西、福建、北京、安徽、山东、广东、浙江、上海、江苏、天津。

从表 5.2.10 可以看到，专利申请数量的均值为 1.648，高质量创新均值为 1.009，实用新型和外观设计专利的均值分别为 1.037 和 0.389，表明发明专利和实用新型专利的数量较多，外观设计专利的数量较少。这说明在政府干预较强的地区，上市企业高质量创新数量较低质量创新数量更多。

表 5.2.10 政府对经济干预程度较强的地区变量的描述性统计

变量	观测值	均值	标准差	最小值	最大值
Liq	4118	2.091	2.542	0.262	18.320
AR	4118	0.162	0.112	0.001	0.975
AP	4118	0.149	0.110	0	0.811
Lev	4118	0.488	0.222	0.049	1.058
ROA	4118	0.049	0.073	-0.190	0.271
$Growth$	4117	0.146	0.369	-0.567	1.926
$Size$	4118	21.710	1.281	17.230	26.240
Age	4118	2.651	0.386	0.693	3.611

续表

变量	观测值	均值	标准差	最小值	最大值
$Inno$	4118	1.648	1.521	0	7.584
$Inno\_i$	4118	1.009	1.237	0	6.766
$Inno\_u$	4118	1.037	1.354	0	6.910
$Inno\_d$	4118	0.389	0.869	0	6.526

从表5.2.11中可以看到，专利申请数量的均值为2.178，高质量创新均值为1.445，实用新型和外观设计专利的均值分别为1.461和0.602，均高于政府干预程度较强的地区。

表5.2.11 政府对经济干预程度较弱的地区变量的描述性统计

变量	观测值	均值	标准差	最小值	最大值
Liq	18506	2.459	2.814	0.262	18.32
AR	18507	0.176	0.116	0	0.872
AP	18507	0.166	0.122	0	0.977
Lev	18507	0.437	0.214	0.049	1.058
ROA	18507	0.063	0.065	−0.190	0.271
$Growth$	18501	0.170	0.347	−0.567	1.926
$Size$	18507	21.75	1.281	17.05	28.51
Age	18507	2.725	0.383	0.693	4.220
$Inno$	18507	2.178	1.669	0	9.296
$Inno\_i$	18507	1.445	1.446	0	8.678
$Inno\_u$	18507	1.461	1.525	0	8.708
$Inno\_d$	18507	0.602	1.106	0	6.529

表5.2.12为不同政府干预程度下，商业信用对企业创新数量与创新质量影响的研究结果。

表 5.2.12　　　　　　　　　　影响回归结果

变量	政府干预经济较强的地区			政府干预经济较弱的地区		
	Inno	Inno_i	Inno_l	Inno	Inno_i	Inno_l
AP	1.490*	0.363	2.421***	2.548***	1.456***	3.344***
	(0.777)	(0.709)	(0.822)	(0.313)	(0.302)	(0.346)
AR	3.746***	3.218***	4.311***	3.449***	3.547***	3.146***
	(0.623)	(0.591)	(0.683)	(0.295)	(0.290)	(0.319)
控制变量	控制	控制	控制	控制	控制	控制
常数项	-10.86***	-13.73***	-11.22***	-11.10***	-13.02***	-11.54***
	(1.479)	(1.567)	(1.605)	(0.766)	(0.819)	(0.799)
Pseudo R^2	0.0798	0.0942	0.0785	0.0842	0.0998	0.0694

表 5.2.12 为采用混合 Tobit 模型回归的基准结果。结果显示，从总体上看，无论在政府干预强还是弱的地区，商业信用对企业的创新均有显著的促进作用。在政府干预经济较强的地区，企业提供的商业信用对技术创新的促进作用更加显著。更进一步的研究发现，获得商业信用对创新的正向影响在政府干预经济较弱的地区的企业的表现更加明显。由此，本部分验证了研究假设 5.2.2，即政府干预强的地区，企业提供商业信用增加，国有企业为承担完成技术创新任务而增加技术创新的数量，民营企业则更有动机通过加大研发创新增强产品的市场竞争力。总体上，在政府干预强的地区，企业通过提供商业信用能够促进技术创新；在政府干预弱的地区，商业信用契约关系可以形成稳定的资金供给，所以该地区企业获得商业信用更加有利于技术创新。

（三）法治水平和知识产权保护水平

1. 基于工业企业数据

对于法治环境，本部分采用《中国市场化指数》（2011 版）一书中的"市场中介组织的发育和法律制度环境"这一指标对其进行衡量，指数越大，地区的法治环境越好，当企业所在省份的这个指数高于样本中位数时，本书就将法制环境虚拟变量（Law）取值为 1，否则为 0。

法治水平高的地区有上海、浙江、北京、广东、江苏、天津、辽宁、福建、山东、黑龙江、四川、吉林、湖北、山西、重庆、安徽;法治水平低的地区有河北、内蒙古、河南、海南、江西、陕西、广西、云南、湖南、宁夏、贵州、甘肃、青海和西藏。

由图 5.2.13 至图 5.2.18 可以得出,在法治水平高的地区不管是专利总量还是不同类型的专利都普遍高于法治水平较低的地区,同样地,在法治水平高的地区,企业提供和获得商业信用的数量也普遍高于法治水平低的地区。

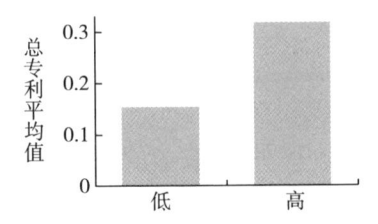

图 5.2.13　不同法治水平与总专利均值

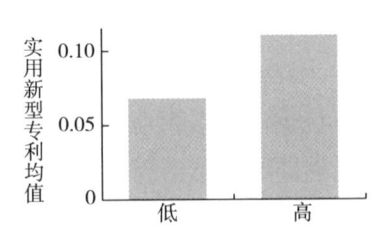

图 5.2.14　不同法治水平与实用新型专利均值

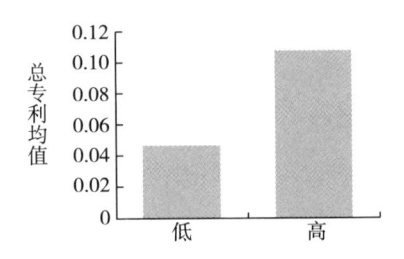

图 5.2.15　不同法治水平与外观设计专利均值

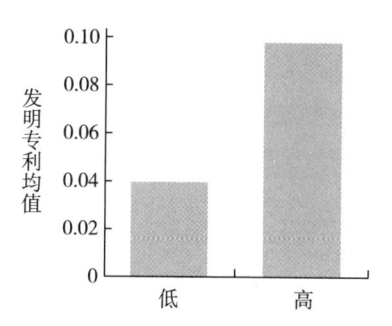

图 5.2.16　不同法治的水平与发明专利均值

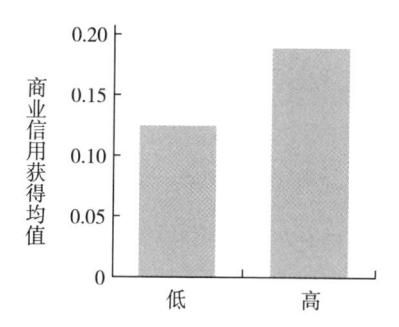

图 5.2.17　不同法治水平与商业信用获得均值

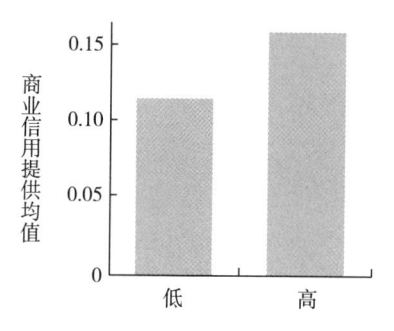

图 5.2.18　不同法治水平与商业信用提供均值

图 5.2.19 至图 5.2.24 为不同知识产权保护水平下的专利产出和商业信用使用情况，结论与不同法治水平的结论一致。

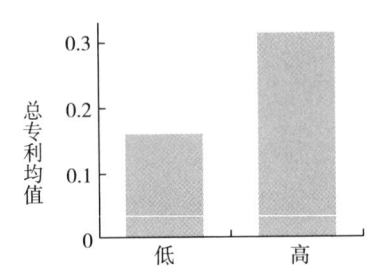

图 5.2.19　知识产权保护水平与总专利均值

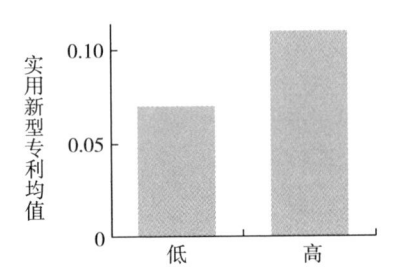

图 5.2.20　知识产权保护水平与实用新型专利均值

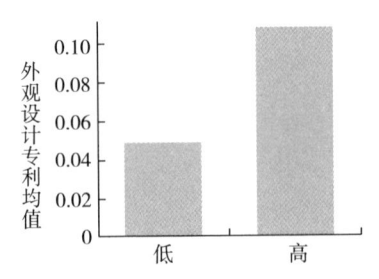

图 5.2.21　知识产权保护水平与外观设计专利均值

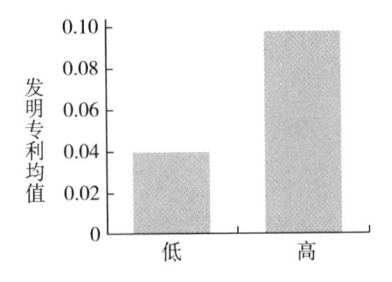

图 5.2.22　知识产权保护水平与发明专利均值

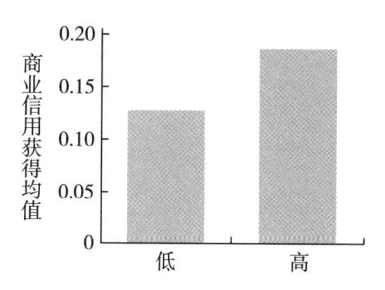

第五章 商业信用对技术创新的结构性影响研究

图 5.2.23 知识产权保护水平与商业信用获得均值

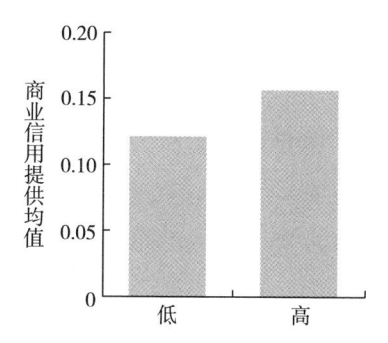

图 5.2.24 知识产权保护水平与商业信用提供均值

进一步考察在不同法治水平下,商业信用对技术创新产出数量的影响,回归结果如表 5.2.13 所示。

表 5.2.13 商业信用对不同法治水平地区技术创新数量的影响

	提供商业信用		获得商业信用	
	法治水平高	法治水平低	法治水平高	法治水平低
t 期	-0.219***	1.858***	0.676***	0.289**
	(0.053)	(0.148)	(0.051)	(0.136)
$t+1$ 期	-0.216***	1.935***	0.768***	0.266*
	(0.062)	(0.169)	(0.061)	(0.158)
$t+2$ 期	-0.187***	1.875***	0.805***	0.336*
	(0.068)	(0.193)	(0.067)	(0.178)

表 5.2.13 是不同法治水平地区的企业使用商业信用对创新数量的影响，法治水平高的地区提供商业信用不利于增加创新数量，法治水平低的地区提供商业信用能显著促进创新数量。获得商业信用在法治水平高的地区和低的地区都能显著促进创新产出增加，不过法治水平高的地区的系数大于法治水平低的地区，说明法治水平越高的地区，获得商业信用越有利于增加企业的创新产出。这验证了本书提出的理论假设 5.2.3。

表 5.2.14 为区分创新质量的回归结果，发现在法治水平高的地区提供商业信用能够显著促进高质量创新而不利于低质量创新，获得商业信用能够显著促进高低质量创新；在法治水平低的地区，提供商业信用能促进高质量创新，也能促进低质量创新。获得商业信用只显著促进低质量创新，对高质量创新的影响并不显著。因此，在法治水平较高的地区，获得商业信用对企业创新的促进作用更加显著；在法治水平较低的地区，提供商业信用对企业创新的促进作用则更为显著。这验证了本书提出的理论假设 5.2.3。

表 5.2.14　商业信用对不同法治水平地区企业创新质量的影响

		提供商业信用		获得商业信用	
		法治水平高	法治水平低	法治水平高	法治水平低
高质量创新	t 期	0.375 *** (0.058)	1.677 *** (0.158)	0.052 (0.059)	-0.174 (0.150)
	$t+1$ 期	0.386 *** (0.070)	1.605 *** (0.185)	0.182 ** (0.072)	-0.007 (0.178)
	$t+2$ 期	0.393 *** (0.074)	1.541 *** (0.206)	0.336 *** (0.07)	0.074 (0.203)
低质量创新	t 期	-0.454 *** (0.055)	1.798 *** (0.162)	0.886 *** (0.053)	0.554 *** (0.147)
	$t+1$ 期	-0.535 *** (0.068)	2.010 *** (0.193)	1.054 *** (0.067)	0.583 *** (0.184)
	$t+2$ 期	-0.549 *** (0.075)	1.840 *** (0.221)	1.046 *** (0.074)	0.784 *** (0.205)

表5.2.15为创新决策在不同法治水平下受到商业信用的影响，研究发现提供商业信用在法治水平低的地区能显著促进创新决策，而在法治水平高的地区不利于创新决策增加。获得商业信用在法治水平高的地区显著促进企业创新决策增加。这说明法治水平越高，企业获得商业信用越有利于企业增加创新决策。这验证了本书提出的理论假设5.2.3。

表5.2.15　商业信用对不同法治水平地区企业创新决策的影响

	提供商业信用		获得商业信用	
	法治水平高	法治水平低	法治水平高	法治水平低
t期	-0.053***	0.551***	0.194***	0.077**
	(0.013)	(0.037)	(0.013)	(0.037)
$t+1$期	-0.050***	0.575***	0.220***	0.070
	(0.016)	(0.043)	(0.016)	(0.044)
$t+2$期	-0.040**	0.556***	0.233***	0.089*
	(0.018)	(0.051)	(0.018)	(0.051)

表5.2.16是不同知识产权保护水平地区企业使用商业信用对创新数量的影响。知识产权保护低的地区提供商业信用能显著促进创新数量；知识产权保护水平高的地区，获得商业信用有利于增加企业创新产出数量。这验证了本书提出的理论假设5.2.3。

表5.2.16　商业信用对不同知识产权保护地区企业创新数量的影响

	提供商业信用		获得商业信用	
	高保护地区	低保护地区	高保护地区	低保护地区
t期	-0.173***	1.530***	0.715***	0.116
	(0.053)	(0.146)	(0.051)	(0.138)
$t+1$期	-0.171***	1.651***	0.794***	0.167
	(0.062)	(0.166)	(0.060)	(0.161)
$t+2$期	-0.139**	1.597***	0.823***	0.293
	(0.068)	(0.189)	(0.067)	(0.182)

表 5.2.17 的回归结果发现,在知识产权保护水平高的地区,提供商业信用能够显著促进高质量创新而不利于低质量创新,获得商业信用在 $t+1$ 期和 $t+2$ 期能够显著促进高质量和低质量创新。在知识产权保护水平低的地区,提供商业信用在 $t+1$ 期和 $t+2$ 期能促进高质量创新,也能促进低质量创新,获得商业信用只显著促进低质量创新,对高质量创新的影响并不显著。这验证了本书提出的理论假设 5.2.3。

表 5.2.17　商业信用对不同知识产权保护地区企业创新质量的影响

		提供商业信用		获得商业信用	
		高保护地区	低保护地区	高保护地区	低保护地区
高质量创新	t 期	0.413*** (0.058)	1.412*** (0.151)	0.082 (0.059)	-0.278* (0.150)
	$t+1$ 期	0.421*** (0.070)	1.409*** (0.178)	0.221*** (0.072)	-0.210 (0.178)
	$t+2$ 期	0.437*** (0.074)	1.305*** (0.201)	0.347*** (0.075)	0.105 (0.205)
低质量创新	t 期	-0.404*** (0.055)	1.433*** (0.158)	0.922*** (0.053)	0.407*** (0.148)
	$t+1$ 期	-0.464*** (0.068)	1.557*** (0.186)	1.070*** (0.067)	0.590*** (0.184)
	$t+2$ 期	-0.480*** (0.075)	1.449*** (0.213)	1.070*** (0.074)	0.722*** (0.207)

表 5.2.18 为创新决策在不同知识产权保护水平下受到商业信用的影响,发现提供商业信用在知识产权保护水平低的地区能显著促进创新决策,而在知识产权保护水平高的地区不利于创新决策增加。获得商业信用在知识产权保护水平高的地区显著促进企业创新决策增加,而在知识产权保护水平低的地区则没有显著影响。这验证了本书提出的理论假设 5.2.3。

表 5.2.18　商业信用对不同知识产权保护地区企业创新决策的影响

	提供商业信用		获得商业信用	
	高保护地区	低保护地区	高保护地区	低保护地区
t 期	-0.039***	0.457***	0.207***	0.018
	(0.013)	(0.037)	(0.013)	(0.037)
$t+1$ 期	-0.037**	0.492***	0.229***	0.035
	(0.016)	(0.043)	(0.016)	(0.044)
$t+2$ 期	-0.025	0.477***	0.239***	0.067
	(0.018)	(0.051)	(0.018)	(0.051)

综合来看，法治环境好的地区，企业更容易获得商业信用，加上地区对知识产权的高水平保护，企业有动力投入更多的资金用于研发创新。法治环境不完善的地区，提供商业信用能够利用信息优势拓宽市场，增加对异质性客户的接触，增加创新研发动力，促进技术创新。

2. 基于上市公司数据

借鉴曹向和匡小平（2013）的衡量方法，针对法治环境，本书采用"市场中介组织的发育和法律制度环境"这一指标对其进行衡量，指数越大，表明该地区的法治环境越好，当企业所在省份的这个指数高于样本中位数时，本书就将其视为法治环境较好的地区，否则为法治环境较差的地区。分组的标准采用樊纲和王小鲁在《中国市场化指数》（2016版）中使用的方法，书中报告了2008—2014年各个省份的法治环境指数，将各个省份这些年的指数加总，计算得出样本的中位数，高于样本中位数的省份为法治环境好的地区，其余省份为法治环境差的地区。各省份法治环境指数如表 5.2.19 所示。

如表 5.2.19 所示，按照指数的大小，法治环境较差的地区有西藏、青海、宁夏、甘肃、新疆、贵州、内蒙古、海南、河北、江西、山西、云南、广西、河南、湖南。法治环境较好的地区有湖北、陕西、吉林、黑龙江、辽宁、四川、山东、安徽、福建、重庆、广东、天津、北京、上海、江苏、浙江。

表 5.2.19　　　　各省份法治环境指数

省份	法治环境指数	省份	法治环境指数
浙江	88.52	湖南	23.55
江苏	83.05	河南	23.28
上海	78.46	广西	20.61
北京	73.37	云南	20.24
天津	59.3	江西	18.37
广东	59.1	山西	18.37
重庆	40.95	河北	18.25
福建	40.16	海南	16.6
安徽	38.4	内蒙古	16.07
山东	32.24	贵州	15.63
四川	32.13	新疆	13.93
辽宁	29.48	甘肃	13.76
黑龙江	27.56	宁夏	9.91
吉林	26.62	青海	9.38
陕西	26.17	西藏	1.01
湖北	25.49		

如表 5.2.20 所示，商业信用的提供均值为 0.162，商业信用的获得均值为 0.149。专利申请数量取对数之后的均值为 1.773，高质量创新为 1.105，实用新型和外观设计专利分别为 1.153 和 0.441，表明发明专利和实用新型专利的均值较大，外观设计专利的数量较少。

表 5.2.20　　　　法治环境较差的地区描述性统计

变量	观测值	均值	标准差	最小值	最大值
Liq	5285	2.117	2.533	0.262	18.320
Age	5285	14.291	5.148	1	36.000

续表

变量	观测值	均值	标准差	最小值	最大值
AR	5285	0.162	0.106	0	0.869
AP	5285	0.149	0.105	0	0.710
Apply	5285	22.488	73.662	0	1966
Lev	5285	0.483	0.218	0.049	1.058
ROA	5285	0.053	0.071	-0.190	0.271
Growth	5284	0.156	0.355	-0.567	1.926
Size	5285	21.727	1.260	17.234	26.244
Inno	5285	1.773	1.559	0	7.584
Inno_i	5285	1.105	1.263	0	6.766
Inno_u	5285	1.153	1.403	0	6.910
Inno_d	5285	0.441	0.933	0	6.526

表5.2.21是法治环境较好的地区各变量的统计情况,如表所示,商业信用的提供均值为0.177,商业信用的获得均值为0.167。专利申请数量取对数之后的均值为2.176,明显高于法治环境较差的地区;高质量创新为1.445,实用新型和外观设计专利分别为1.454和0.600,表明发明专利和实用新型专利的均值数量较多,外观设计专利的数量较少。

表5.2.21   法治环境较好的地区描述性统计

变量	观测值	均值	标准差	最小值	最大值
Liq	17340	2.476	2.833	0.262	18.320
Age	17341	15.341	5.738	1	67.000
AR	17341	0.177	0.118	0	0.975
AP	17341	0.167	0.124	0	0.977
Apply	17341	48.740	275.901	0	10892
Lev	17341	0.436	0.215	0.049	1.058
ROA	17341	0.062	0.065	-0.190	0.271
Growth	17335	0.169	0.350	-0.567	1.926

续表

变量	观测值	均值	标准差	最小值	最大值
Size	17341	21.753	1.287	17.049	28.509
Inno	17341	2.176	1.672	0	9.296
Inno_i	17341	1.445	1.456	0	8.678
Inno_u	17341	1.454	1.527	0	8.708
Inno_d	17341	0.600	1.106	0	6.529

表5.2.22为不同法治环境下的基准回归结果,同样采用Tobit模型进行回归。首先看Pseudo R^2 的值,从结果来看,所有方程均通过了检验。表中结果显示,从总体上看,无论在法治环境较好的地区还是较差的地区,企业获得商业信用与提供商业信用均显著促进了创新活动。这说明上市企业使用商业信用对技术创新的影响受外部法治环境的影响不明显。

表5.2.22　　　　　　　　不同法治环境的回归结果

变量	法治环境较差的地区			法治环境较好的地区		
	Inno	Inno_i	Inno_l	Inno	Inno_i	Inno_l
AP	2.602***	1.091*	3.470***	2.377***	1.414***	3.192***
	(0.710)	(0.623)	(0.742)	(0.323)	(0.316)	(0.356)
AR	4.024***	3.911***	4.332***	3.380***	3.388***	3.108***
	(0.602)	(0.546)	(0.635)	(0.300)	(0.301)	(0.325)
控制变量	控制	控制	控制	控制	控制	控制
常数项	−10.69***	−12.31***	−11.44***	−11.16***	−13.32***	−11.56***
	(1.277)	(1.297)	(1.367)	(0.798)	(0.854)	(0.834)
Pseudo R^2	0.0848	0.0978	0.0820	0.0827	0.0985	0.068

(四) 社会资本水平

本部分借鉴周瑾等(2018)的研究选取社会捐赠(Donation)来衡量社会资本,该指标同样可以充分反映地区居民的社会责任感、互助动机与社会关系，而且更具一般性。《民政统计年鉴》将社会捐赠分为直接捐赠和间接捐赠两个大类，每类中又包括捐赠款数额、捐赠衣被合计、捐赠其他物质价值，这里将相应指标加总，取总捐赠额。按照各个地区社会捐赠数量取年平均，然后排序，中位数以上者取 1（$Donation=1$），为社会资本高的地区，否则取 0（$Donation=0$），为社会资本低的地区。其中，社会资本高的地区包括广东、浙江、四川、江苏、山东、辽宁、上海、北京、河北、湖南、云南、山西、福建、重庆、新疆和山西，社会资本低的地区包括甘肃、安徽、河南、天津、贵州、湖北、江西、吉林、广西、黑龙江、内蒙古、海南、宁夏、青海、西藏。

由图 5.2.25 至图 5.2.30 可以得出，在社会资本高的地区，不管是专利总量还是不同类型的专利都普遍高于社会资本低的地区。同样，在社会资本高的地区，企业提供和获得商业信用的数量也普遍高于社会资本低的地区。

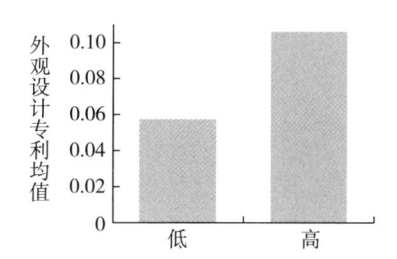

图 5.2.25　不同社会资本地区的总专利均值

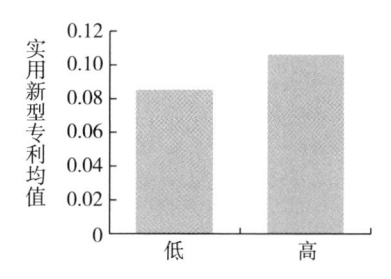

图 5.2.26　不同社会资本地区的实用新型专利均值

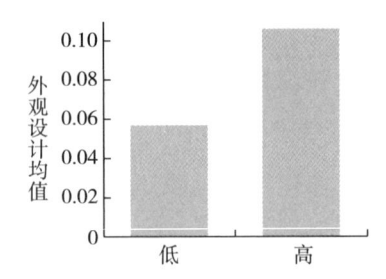

图 5.2.27　不同社会资本地区的外观设计专利均值

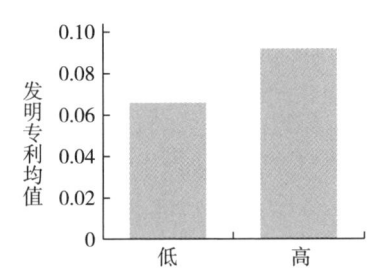

图 5.2.28　不同社会资本地区的发明专利均值

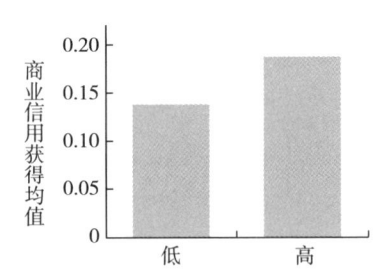

图 5.2.29　不同社会资本地区的商业信用获得均值

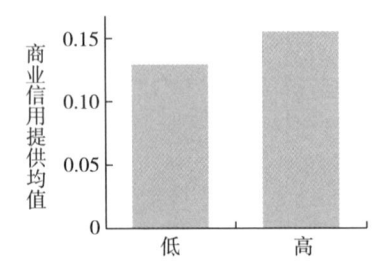

图 5.2.30　不同社会资本地区的商业信用提供均值

表 5.2.23 是不同社会资本地区企业使用商业信用对创新数量的影响,在社会资本高的地区提供商业信用不利于增加创新数量,在社会资本低的地区提供商业信用能显著促进创新数量。获得商业信用在社会资本高的地区能显著促进创新产出,在社会资本低的地区并不显著。

表 5.2.23　商业信用对不同社会资本地区企业创新数量的影响

	提供商业信用		获得商业信用	
	社会资本高	社会资本低	社会资本高	社会资本低
t 期	-0.149***	1.533***	0.781***	-0.046
	(0.054)	(0.127)	(0.052)	(0.118)
$t+1$ 期	-0.151**	1.682***	0.857***	-0.017
	(0.063)	(0.147)	(0.062)	(0.139)
$t+2$ 期	-0.107	1.660***	0.887***	0.088
	(0.069)	(0.169)	(0.068)	(0.158)

表 5.2.24 为商业信用对不同社会资本地区企业创新质量的影响结果。结果显示,在社会资本高的地区提供商业信用显著促进高质

表 5.2.24　商业信用对不同社会资本地区企业创新质量的影响

		提供商业信用		获得商业信用	
		社会资本高	社会资本低	社会资本高	社会资本低
高质量创新	t 期	0.451***	1.423***	0.129**	-0.451***
		(0.059)	(0.139)	(0.061)	(0.132)
	$t+1$ 期	0.451***	1.482***	0.255***	-0.321**
		(0.071)	(0.166)	(0.074)	(0.158)
	$t+2$ 期	0.463***	1.525***	0.392***	-0.083
		(0.074)	(0.185)	(0.077)	(0.177)
低质量创新	t 期	-0.389***	1.411***	0.997***	0.183
		(0.057)	(0.136)	(0.055)	(0.127)
	$t+1$ 期	-0.453***	1.559***	1.146***	0.297*
		(0.069)	(0.165)	(0.068)	(0.159)
	$t+2$ 期	-0.447***	1.409***	1.146***	0.402**
		(0.076)	(0.191)	(0.075)	(0.179)

量创新，获得商业信用对不同质量的创新都有显著的促进作用。在社会资本低的地区提供商业信用既能够促进高质量创新又能够促进低质量创新，获得商业信用只促进低质量创新，抑制高质量创新。这说明，社会资本能够积极影响获得商业信用进而促进创新质量的提升。由此，本书的研究验证了研究假设5.2.4，在社会资本高的地区，获得商业信用对企业创新的促进作用更加显著，而在社会资本低的地区，提供商业信用对企业创新的促进作用则更为显著。

通过表5.2.25的结果分析可以发现，提供商业信用在社会资本低的地区能显著促进创新决策，而在社会资本高的地区不利于创新决策增加。获得商业信用在社会资本高的地区显著促进企业创新决策增加。这说明社会资本越高，企业获得商业信用越有利于企业增加创新决策。由此，本书的研究进一步验证了研究假设5.2.4，在社会资本高的地区，获得商业信用对企业创新的促进作用更加显著，而在社会资本低的地区，提供商业信用对企业创新的促进作用则更为显著。

表5.2.25　　商业信用对不同社会资本地区企业创新决策的影响

	提供商业信用		获得商业信用	
	社会资本高	社会资本低	社会资本高	社会资本低
t期	-0.032**	0.474***	0.225***	-0.026
	(0.014)	(0.033)	(0.013)	(0.033)
$t+1$期	-0.031*	0.521***	0.247***	-0.018
	(0.016)	(0.039)	(0.016)	(0.039)
$t+2$期	-0.016	0.519***	0.257***	0.010
	(0.018)	(0.046)	(0.019)	(0.046)

结合上述分析，提供商业信用对企业创新数量和创新决策的促进效应与地区社会资本水平负相关；获得商业信用对企业创新数量和创新决策的促进效应与地区社会资本水平正相关。此外，社会资本能够积极影响获得商业信用进而促进创新质量提升。社会资本通

过影响经济活动参与人的激励、预期和行为，能够促进债务交易合约的实现，因此，获得商业信用的企业可以缓解财务资本的不足，获得充足的资金保证，促进企业的技术创新。在社会资本低的地区提供商业信用可以获得更好的市场效应，获得更多的市场份额，保障了创新的资金实力和激励动力。

三 小结

通过实证检验，本书发现地区差异会带来商业信用对技术创新的影响差异。回归结果显示：在其他条件相同的情况下，在金融发展水平较高、政府干预程度较弱、法治水平和知识产权保护水平较高、社会资本较高的地区，企业获得商业信用对企业技术创新的促进作用更加显著，同时企业提供商业信用主要通过促进高质量创新实现对技术创新的正向影响；而在金融发展水平较低、政府干预程度较强、法治水平和知识产权保护水平较低、社会资本较低的地区，企业提供商业信用也有利于促进企业技术创新。因此，从整体上看，在金融发展水平较高、政府干预程度较弱、法治水平和知识产权保护水平较高、社会资本较高的地区，企业使用商业信用更有利于企业的技术创新，但同时不能忽视在地区差异因素较低和政府干预程度较强的地区，企业提供商业信用对技术创新的促进作用。

第三节　商业信用对技术创新的结构性影响
——行业差异分析

行业特征不同会影响企业使用商业信用，因此本书考察了当行业特征不同时，商业信用对企业技术创新的影响有何差异。本书着重研究了行业层面的两个角度：一是行业是否属于高技术行业，考察高技术行业与非高技术行业的企业使用商业信用对技术创新的影响差异。二是行业竞争程度，考察不同市场竞争行业下，商业信用对技术创新的影响，在分析中又从是否属于垄断行业对行业竞争分析做了稳健性检验。

一 理论分析与研究假设

（一）是否高技术行业

行业技术水平会影响商业信用对技术创新的作用。郑玉（2020）研究发现，高技术企业能够释放基于政府信用的技术认证和监管认证双重信用认证信号，有利于提高外部金融市场主体对企业的认知水平，缓解了高技术企业R&D投入中的融资约束问题。因此，技术水平较高行业相较于技术水平较低的行业，所面临的融资约束问题相对少些。Emery（1984）认为相比那些可以获得银行贷款的企业，受银行信贷配给制约的企业会使用更多的商业信用。信贷配给理论（Petersen and Rajan，1995）指出，商业信用融资在一定程度上缓解了企业面临的信贷约束。因此，低技术企业之间就有动机进行商业信用等非金融机构的融资，企业获得商业信用可以缓解企业的融资约束。而融资约束又是制约企业技术创新投入的重要因素，商业信用作为企业的融资方式，为企业创新投入提供资金来源，从而促进技术创新（魏群和靳曙畅，2018）。因此，对于低技术行业，企业获得商业信用，能够缓解企业的融资约束，进而促进技术创新。

在低技术行业中，企业出于维护市场份额的动机，也会主动提供商业信用，商业信用的条款可以提高客户忠诚度（Wilson and Summers，2002），供应商企业通过提供优惠的信贷条件，可维持与客户之间联系，保持自身市场份额（Paul and Wilson，2007）。企业提供商业信用可以维护市场份额，与其他企业形成长期稳定合作关系，促进企业销售，增加利润，将资金用于研发创新。

因此提出假设5.3.1：在低技术行业中，企业使用商业信用对技术创新的促进作用更为明显。

（二）行业竞争

行业竞争程度越低，企业越趋向于垄断。相比于行业竞争程度高的情况，行业竞争程度低时，企业的市场力量要更大。刘欢等

(2015)研究发现,基于商业信用的买方市场理论,市场地位较高的企业能够凭借自身较强的市场力量和较好的信誉获取规模更大的商业信用,根据这一理论,企业就会要求获得更多的商业信用。此外,融资约束是制约企业研发投入的重要原因(张杰等,2012),融资约束的存在显著抑制企业创新活动(田朔,2019),当企业面临融资约束时会倾向于减少长期研发投资,商业信用融资一定程度上缓解了企业面临的信贷约束,因此获得更多商业信用就可以缓解企业的融资约束,企业就有更多资金用于创新,进而促进技术创新。与此同时,行业竞争程度越低,每个企业所占的份额就越大,企业就有更多流动资金可用,企业能够有实力为其他企业提供商业信用。促进企业销售,为企业增加更多利润,进而促进企业技术创新。因此,提出研究假设5.3.2:行业竞争程度越低,使用商业信用对技术创新的促进作用越显著。

二 实证检验

(一)是否高技术行业

本书根据《高技术产业(制造业)分类》标准,将医药制造、航空、航天器及设备制造,电子及通信设备制造,计算机及办公设备制造,医疗仪器设备及仪器仪表制造,信息化学品制造六大类定义为高技术行业,其余为低技术行业。

通过图5.3.1至图5.3.6可以得出,在高技术行业专利总量和专利类型都普遍高于低技术行业,同样地,高技术行业中企业提供和获得商业信用的数量也普遍高于低技术行业。

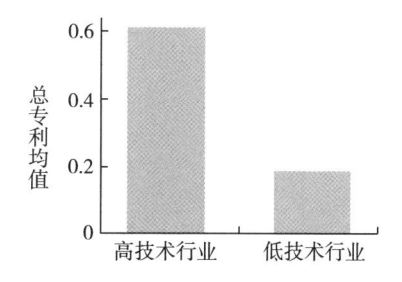

图5.3.1 不同技术行业总专利均值

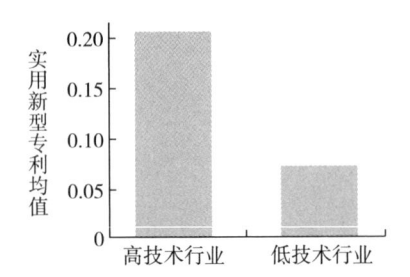

图 5.3.2 不同技术行业实用新型专利均值

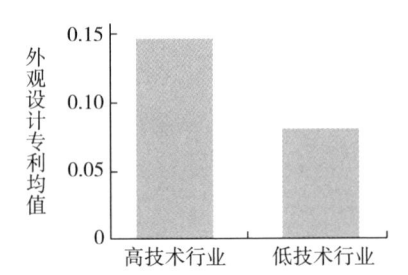

图 5.3.3 不同技术行业外观设计专利均值

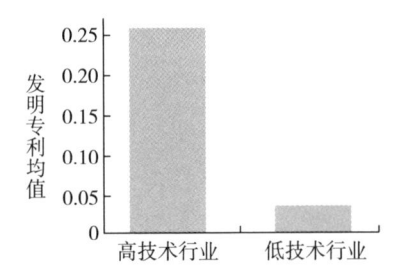

图 5.3.4 不同技术行业发明专利均值

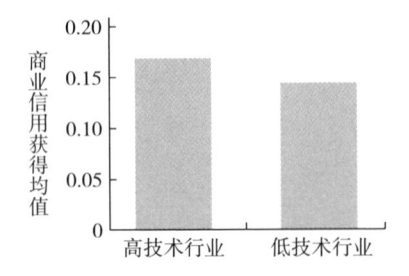

图 5.3.5 不同技术行业商业信用获得均值

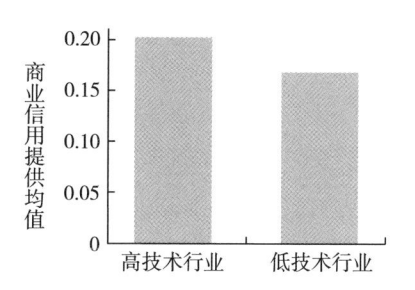

图 5.3.6　不同技术行业商业信用提供均值

表 5.3.1 显示，提供商业信用对高技术行业的系数显著为负，对低技术行业的系数显著为正，获得商业信用对高技术行业不显著（只在 $t+2$ 期通过 10% 的显著性水平），对低技术行业系数显著为正，说明提供商业信用和获得商业信用均有利于低技术行业创新产出数量的增加。低技术行业受到更多的融资约束，获得商业信用可以缓解企业融资约束，从而促进技术创新。此外，低技术行业为了维护自身市场份额也会提供商业信用，促进企业销售，从而促进企业创新，这验证了研究假设 5.3.1。

表 5.3.1　商业信用对不同技术行业企业创新数量的影响

	提供商业信用		获得商业信用	
	高技术行业	低技术行业	高技术行业	低技术行业
t 期	-0.196***	0.120*	0.005	0.967***
	(0.076)	(0.066)	(0.075)	(0.064)
$t+1$ 期	-0.251***	0.212***	0.066	1.026***
	(0.090)	(0.077)	(0.090)	(0.075)
$t+2$ 期	-0.242**	0.231***	0.169*	1.015***
	(0.100)	(0.085)	(0.099)	(0.084)

表 5.3.2 显示，提供商业信用增加低技术行业创新决策，对高技术行业有一定的抑制作用；获得商业信用能够显著增加低技术行业创新决策，对高技术行业创新决策并不显著。

表 5.3.2　　商业信用对不同技术行业企业创新决策的影响

	提供商业信用		获得商业信用	
	高技术行业	低技术行业	高技术行业	低技术行业
t 期	-0.060*** (0.022)	0.047*** (0.016)	-0.022 (0.022)	0.265*** (0.016)
$t+1$ 期	-0.081*** (0.027)	0.076*** (0.019)	-0.003 (0.027)	0.282*** (0.019)
$t+2$ 期	-0.077** (0.030)	0.081*** (0.021)	0.036 (0.031)	0.278*** (0.022)

总体来看，企业不管是提供商业信用还是获得商业信用均有利于增加低技术行业的技术创新水平。高技术行业使用商业信用对技术创新的影响并不显著，甚至不利于高技术行业的技术创新，可能的原因为高技术行业相对并不缺乏资金，另一个原因是提供商业信用本身占用资金。这验证了研究假设 5.3.1。

（二）行业竞争

根据企业所处行业竞争程度进行分组研究，本书首先把不同行业的技术创新情况和市场竞争程度进行了统计分析，然后对不同市场竞争程度分组下的商业信用和创新情况进行对比分析，之后采用计量回归模型分组检验不同行业竞争下商业信用影响技术创新的差异，并做了稳健性检验。

1. 企业所处的行业

按照国泰君安数据库的分类标准统计不同行业专利申请情况的结果显示，平均专利申请总量最多的五个行业分别是石油和天然气开采业，土木工程建筑业，计算机、通信和其他电子设备制造业，汽车制造业以及电气机械及器材制造业，并且在这五个行业中，发明专利和实用新型专利均值较高，外观设计专利均值较低（见表 5.3.3）。

表 5.3.3　　　　　　　　不同行业的专利申请情况

行业	专利申请总量	发明专利	实用新型专利	外观设计专利
专业技术服务业	28.784	12.72	15.832	0.232
专用设备制造业	54.593	19.8216	31.2848	3.4866
互联网和相关服务	19.2583	10.9272	4.36093	3.9702
仓储业	4.21739	1.47826	2.6087	0.130435
仪器仪表制造业	36.4258	14.6516	17.8323	3.94194
住宿业	0.611111	0	0.5	0.111111
公共设施管理业	1.4	0.74	0.3	0.36
其他制造业	45.413	4.57609	7.56522	33.2717
农、林、牧、渔服务业	10.2778	8.16667	0.166667	1.94444
农业	2.24793	0.88429	0.719008	0.644628
农副食品加工业	17.0426	8.59659	4.45739	3.98864
化学原料及化学制品制造业	13.2867	8.04726	3.69754	1.5419
化学纤维制造业	8.57399	4.36771	4.1704	0.035874
医药制造业	13.6026	8.19521	2.76096	2.64641
卫生	2.84483	1.46552	1.13793	0.241379
印刷和记录媒介复制业	21.9844	6.95313	14.75	0.28125
商务服务业	5.58108	1.70721	2.04054	1.83333
土木工程建筑业	115.088	43.8473	70.6192	0.621339
家具制造业	37.7963	3.66667	7.90741	26.2222
广播、电视、电影和影视录音制作业	8.61224	2.23469	2.47959	3.89796
废弃资源综合利用业	29.6833	14.45	14.1833	1.05
建筑安装业	7	2	5	0
建筑装饰和其他建筑业	44.0916	12.1221	27.3511	4.61832
开采辅助活动	41.9643	18.0446	23.8571	0.0625
房地产业	3.60146	1.21142	1.60146	0.788578
房屋建筑业	2.33333	0.16666	1.05556	1.11111
批发业	5.2945	1.84951	2.35922	1.08576

续表

行业	专利申请总量	发明专利	实用新型专利	外观设计专利
教育	4.21053	1.26316	2.78947	0.157895
文化艺术业	2.92857	0.28571	2.28571	0.357143
文教、工美、体育、娱乐用品制造业	88.6735	5.85714	25.6939	57.1224
新闻和出版业	5.29825	1.98246	2.54386	0.77193
有色金属冶炼及压延加工	23.1121	11.5377	10.2995	1.27496
有色金属矿采选业	12.8741	6.28889	6.4963	0.088889
木材加工及木竹藤棕草制品业	10.7722	4.18987	3.62025	2.96203
林业	2.3	0.73333	1.53333	0.033333
橡胶和塑料制品业	30.5956	15.5327	12.0775	2.98547
水上运输业	6.25503	1.26846	4.81208	0.174497
水的生产和供应业	3.44706	1.29412	2.02353	0.129412
汽车制造业	98.6458	27.7473	52.4463	18.4522
渔业	11.2619	5.44048	1.04762	4.77381
煤炭开采和洗选业	37.0935	11.7243	25.1589	0.21028
燃气生产和供应业	6.54615	2.55385	3.77692	0.215385
生态保护和环境治理业	22.0687	7.26718	12.7176	2.08397
电信、广播电视和卫星传输服务	6.99083	3.52294	2.16514	1.30275
电力、热力生产和供应业	12.9272	3.47609	9.29106	0.160083
电气机械及器材制造业	93.0201	33.605	48.6698	10.7453
畜牧业	16.3934	5.5082	9.73771	1.14754
皮革、毛皮、羽毛及其制品和制鞋业	14	3.04444	4.55556	6.4
石油加工、炼焦及核燃料加工业	11.0775	6.8662	4.19718	0.014085
石油和天然气开采业	1124.1	768.367	353.327	2.40816
研究和试验发展	8.55556	5.22222	2.61111	0.722222
科技推广和应用服务业	0	0	0	0

续表

行业	专利申请总量	发明专利	实用新型专利	外观设计专利
租赁业	16.4375	12.5	3.5	0.4375
纺织业	18.0723	3.63855	5.23193	9.20181
纺织服装、服饰业	30.2286	7.85714	14.1048	8.26667
综合	8.71074	3.39669	3.54132	1.77273
航空运输业	2.875	0.82954	1.21591	0.829545
装卸搬运和其他运输代理	23.2222	9	11.8889	2.33333
计算机、通信和其他电子设备制造业	101.508	63.4858	30.0873	7.93487
软件和信息技术服务业	23.0635	15.7514	5.60789	1.70427
通用设备制造业	33.664	12.9528	18.5202	2.19101
造纸及纸制品业	9.04167	4.27273	3.82197	0.94697
道路运输业	3.41714	1.12	2.01714	0.28
邮政业	22.5882	4.91176	8.67647	9
酒、饮料和精制茶制造业	9.73006	1.93252	2.29857	5.49898
金属制品业	54.6181	14.5357	30.272	9.81044
铁路、船舶、航空航天和其他运输设备制造业	68.5796	25.038	35.6603	7.88124
铁路运输业	0.666667	0	0	0.666667
零售业	9.41177	2.75936	1.92246	4.72995
非金属矿物制品业	24.4769	8.3512	12.6747	3.45102
食品制造业	19.5909	8.33636	3.92424	7.3303
餐饮业	1.33333	0.666667	0	0.666667
黑色金属冶炼及压延加工	85.3137	37.7614	47.3592	0.193029
黑色金属矿采选业	3.45098	0.50980	2.7451	0.196078

2. 根据市场竞争度划分行业

参考刘欢等（2015）的做法，使用公司所在行业公司数目作为市场竞争的衡量指标，N 越高表示市场竞争水平越高；N 越低表示市场竞争水平越低，数据来源于 Wind 数据库。本书按照所在行业的公司数目将样本平均分为两组,行业公司数目在中位数以上的企业为市场竞争程度高的企业,行业公司数目在中位数以下的企业为市场竞争程度低的企业。

就商业信用的提供来说,市场竞争程度高的企业提供的商业信用远远大于市场竞争程度低的地区。这种差异在2000年之后表现得更加明显,两个地区提供的商业信用都呈现出在波动中上升的趋势,但市场竞争程度低的地区上升趋势缓慢。市场竞争程度不同的地区商业信用的提供情况如图5.3.7所示。

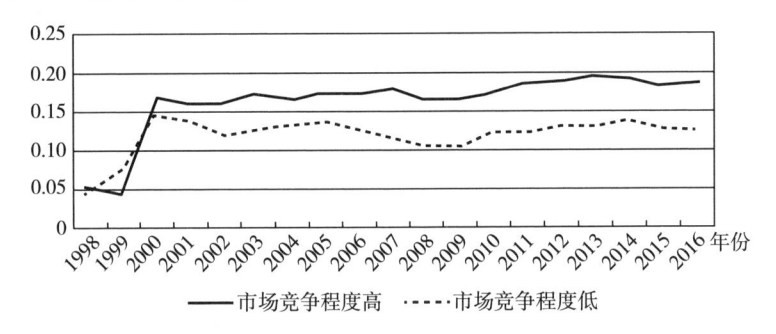

图 5.3.7　不同市场竞争程度下商业信用提供的情况

就商业信用的获得来说,图5.3.8表明不同市场竞争下获得的商业信用占总资产比重情况,不同行业获得的商业信用随着时间呈现先上升后下降的趋势,市场竞争程度高的行业企业平均获得的商业信用远高于市场竞争程度低的企业。综上表明,市场竞争程度高的行业中的企业使用商业信用(提供和获得商业信用)的数量更多。

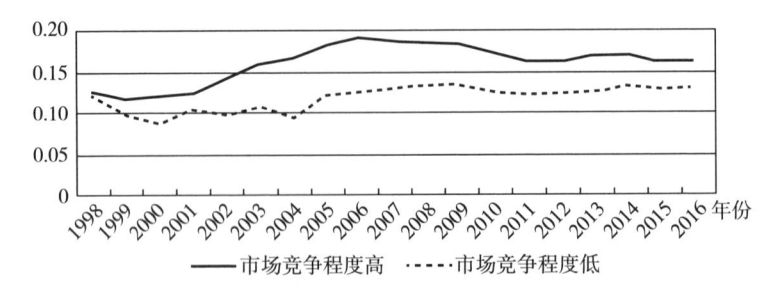

图 5.3.8　不同市场竞争程度下商业信用获得的情况

比较表 5.3.4、表 5.3.5 可以看出，市场竞争程度不同的行业，专利的申请数量存在差异。行业市场竞争程度较高的企业专利申请均值、提供和获得商业信用的均值均高于市场竞争程度低的企业。

表 5.3.4　　　　　　　　市场竞争程度低的行业

	观测值	均值	标准差	最小值	最大值
Liq	2028	2.317	2.816	0.262	18.320
AR	2028	0.125	0.102	0.001	0.872
AP	2028	0.124	0.098	0.001	0.737
Lev	2028	0.439	0.221	0.048	1.058
ROA	2028	0.058	0.071	−0.190	0.271
$SaleGrowth$	2024	0.155	0.368	−0.567	1.926
$Size$	2028	21.710	1.436	17.410	28.51
Age	2028	2.717	0.365	1.099	3.664
$Inno$	2028	1.536	1.642	0	8.636
$Inno\_i$	2028	0.912	1.302	0	8.416
$Inno\_u$	2028	0.964	1.338	0	7.408
$Inno\_d$	2028	0.448	1.044	0	6.207

表 5.3.5　　　　　　　　市场竞争程度高的行业

	观测值	均值	标准差	最小值	最大值
Liq	20597	2.399	2.765	0.262	18.320
AR	20598	0.178	0.115	$1.36e-06$	0.975
AP	20598	0.166	0.122	$2.38e-05$	0.977
Lev	20598	0.447	0.216	0.0488	1.058
ROA	20598	0.0605	0.066	−0.190	0.271
$SaleGrowth$	20595	0.167	0.350	−0.567	1.926
$Size$	20598	21.750	1.264	17.050	27.960
Age	20598	2.711	0.386	0.693	4.220
$Inno$	20598	2.135	1.647	0	9.296
$Inno\_i$	20598	1.410	1.424	0	8.678
$Inno\_u$	20598	1.425	1.514	0	8.708
$Inno\_d$	20598	0.575	1.072	0	6.529

表 5.3.6 反映了商业信用的提供与获得在不同的市场竞争程度下的表现，模型中除了 $Inno\_d$ 回归结果的 Pseudo R^2 没有通过检验，其他方程均通过了检验。就获得商业信用对专利申请总量的影响来说，在市场竞争程度低的行业，回归系数为 4.01，且通过了 1% 的显著性检验；在市场竞争程度高的行业，回归系数为 2.36，同样通过了 1% 的显著性检验。对比系数可以发现，获得商业信用对市场竞争程度低的企业专利产出的促进作用更大。同样，提供商业信用对专利产出的促进作用也在市场程度低的行业中有更为明显的体现。

表 5.3.6 市场竞争程度的回归结果

	市场竞争程度低的行业				市场竞争程度高的行业			
	$Inno$	$Inno\_i$	$Inno\_u$	$Inno\_d$	$Inno$	$Inno\_i$	$Inno\_u$	$Inno\_d$
AP	4.01***	4.05***	4.020***	1.668	2.36***	1.20***	3.169***	4.99***
	(0.969)	(1.009)	(0.889)	(1.764)	(0.304)	(0.291)	(0.334)	(0.551)
AR	4.30***	3.97***	5.205***	0.695	3.31***	3.32***	3.735***	1.48***
	(0.805)	(0.824)	(0.792)	(1.617)	(0.282)	(0.277)	(0.311)	(0.458)
控制变量	控制	控制	控制	控制	控制	控制	控制	控制
常数项	-13.3**	-14.2**	-15.3***	-10.2**	-11.1**	-13.0**	-13.2**	-10.5**
	(2.963)	(3.303)	(2.965)	(3.478)	(0.703)	(0.739)	(0.781)	(1.245)
Pseudo R^2	0.077	0.098	0.103	0.023	0.085	0.100	0.090	0.027

在行业竞争程度低的时候，单个企业的市场力量较强，根据买方市场理论，企业会获得更多商业信用，缓解企业融资约束，促进企业创新。此外，当单个企业市场力量强时，企业更有实力提供商业信用，通过市场竞争效应促进企业创新，这验证了研究假设 5.3.2。

3. 行业竞争的稳健性检验

本书根据企业是否属于垄断行业对行业竞争做了稳健性检验。参考 Tong 等（2014）、黎文靖和郑曼妮（2016）关于垄断与非垄断行业的划分，将电力、邮电通信、铁路运输、航空运输、石油、天然气等对外企和民企设置进入壁垒的行业定义为垄断行业,其余归为竞争行业。

通过观察图5.3.9至图5.3.14,可以看出垄断行业的创新数量总体上略低于非垄断行业数量,但是垄断行业的实用新型专利明显高于非垄断行业,需特别说明的是垄断行业的发明专利数量远低于非垄断行业,本书认为垄断行业更容易在较低质量的技术创新上做文章,片面追求创新数量(黎文靖和郑曼妮,2016)。在商业信用使用方面,非垄断行业不管是提供还是获得都要高于垄断行业。

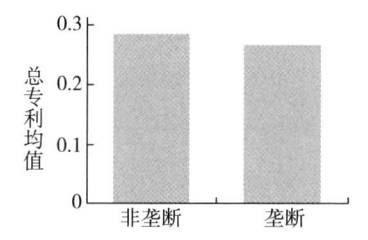

图5.3.9 垄断与非垄断行业总专利均值

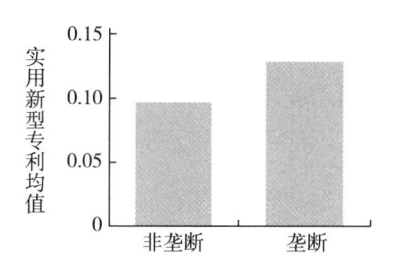

图5.3.10 垄断与非垄断行业实用新型专利均值

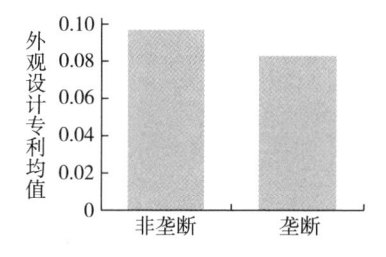

图5.3.11 垄断与非垄断行业外观设计专利均值

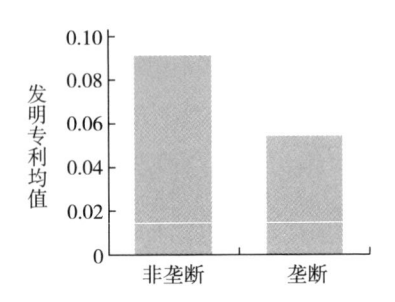

图 5.3.12　垄断与非垄断行业发明专利均值

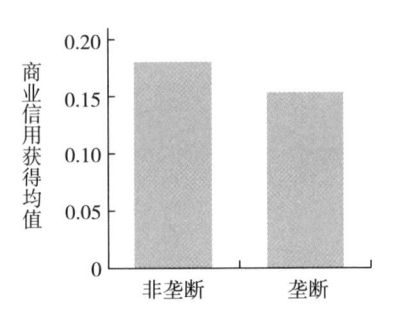

图 5.3.13　垄断与非垄断行业商业信用获得均值

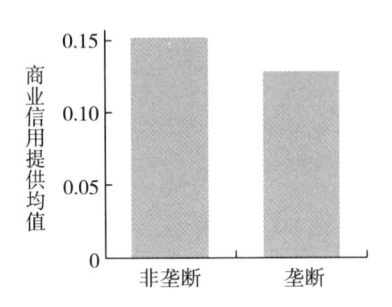

图 5.3.14　垄断与非垄断行业商业信用提供均值

表 5.3.7、表 5.3.8 和表 5.3.9 显示，提供商业信用对垄断行业企业当期技术创新的回归系数显著为正，说明垄断行业的企业提供商业信用能够显著促进该企业的技术创新产出水平。获得商业信用不管是对于垄断行业还是对于非垄断行业，一般都能促进创新，不过通过

系数比较发现，垄断行业获得商业信用对技术创新的促进作用更大。概括来说，垄断行业使用商业信用（不管是提供还是获得）对技术创新的作用一般要显著于非垄断行业，验证了研究假设5.3.2。

表5.3.7　商业信用对垄断与非垄断行业企业创新数量的影响

	提供商业信用		获得商业信用	
	垄断行业	非垄断行业	垄断行业	非垄断行业
t 期	0.483***	-0.034	1.886***	0.472***
	(0.169)	(0.052)	(0.149)	(0.051)
$t+1$ 期	0.145	-0.006	1.832***	0.546***
	(0.204)	(0.061)	(0.176)	(0.061)
$t+2$ 期	0.111	-0.002	1.940***	0.568***
	(0.227)	(0.068)	(0.196)	(0.067)

表5.3.8　商业信用对垄断与非垄断行业企业创新质量的影响

		提供商业信用		获得商业信用	
		垄断行业	非垄断行业	垄断行业	非垄断行业
高质量创新	t 期	0.362*	0.530***	0.949***	-0.106*
		(0.192)	(0.058)	(0.164)	(0.059)
	$t+1$ 期	0.004	0.536***	0.813***	0.034
		(0.239)	(0.069)	(0.198)	(0.072)
	$t+2$ 期	0.149	0.515***	1.072***	0.162**
		(0.252)	(0.073)	(0.226)	(0.076)
低质量创新	t 期	0.409**	-0.276***	2.084***	0.688***
		(0.173)	(0.056)	(0.153)	(0.054)
	$t+1$ 期	0.040	-0.316***	2.088***	0.840***
		(0.215)	(0.068)	(0.189)	(0.067)
	$t+2$ 期	-0.213	-0.351***	2.222***	0.827***
		(0.242)	(0.075)	(0.212)	(0.075)

表 5.3.9　商业信用对垄断与非垄断行业企业创新决策的影响

	提供商业信用		获得商业信用	
	垄断行业	非垄断行业	垄断行业	非垄断行业
t 期	0.159***	0.002	0.510***	0.134***
	(0.041)	(0.014)	(0.039)	(0.014)
$t+1$ 期	0.064	0.012	0.497***	0.156***
	(0.050)	(0.016)	(0.047)	(0.016)
$t+2$ 期	0.056	0.014	0.524***	0.165***
	(0.057)	(0.018)	(0.054)	(0.019)

三　小结

本节从行业是否属于高技术行业和行业竞争两个方面，考察商业信用对技术创新的结构性影响差异。统计分析发现，在高科技行业以及市场竞争激烈的行业中，企业使用商业信用，不管是提供还是获得商业信用均分别高于非高技术行业和市场竞争度低的行业。通过实证回归发现，往往是在低技术行业、低竞争度行业中，商业信用对技术创新的促进作用更为明显。

第四节　商业信用对技术创新的结构性影响
——企业特征差异分析

大量研究表明企业特征不同对商业信用的影响也不同，本书主要从企业特征层面的所有制角度和市场地位角度进行了研究。目前，中国金融体系中广泛存在"所有制歧视"（张杰等，2012），所有制的差异会影响商业信用使用的经济效果（胡泽等，2014），因此本书考察了所有制不同时商业信用对技术创新的影响有何差异。有学者研究发现企业市场地位不同会影响企业的商业信用（Cull et al.，2009），因此本书也讨论了企业市场地位不同时商业信用对技术创新的影响有何差异。

一 理论分析与研究假设提出

（一）所有权性质

企业为了稳定客户关系，维护市场份额，让客户有更多时间去测试产品质量，为自己的产品提供质量保证（Smith，1987），会主动提供更多商业信用，通过质量保障效应和稳定的客户关系促进企业销售，使企业有更多资金用于研发投入。企业在使用商业信用过程中会受到所有权性质的影响。余明桂和潘红波（2010）通过实证研究发现国有企业获得的银行信用要显著多于非国有企业。相比于民营企业，国有企业更容易获得银行等正规金融机构的贷款（徐传谌等，2002；张红霞，2018），融资约束相对较小，它们更有实力和能力为受到融资约束的企业提供商业信用。

我国金融市场一定程度上存在"所有制歧视"问题（张杰等，2012；田朔，2019），民营企业相对国有企业来说存在融资难问题，难以从正规金融机构获得贷款，因此商业信用对民营企业来说是更为重要的融资渠道。所以，民营企业获得商业信用相对于国有企业来说，更能缓解面临的融资约束，使企业有更多的资金用于创新，所以民营企业获得商业信用更有利于创新。

由此提出假设 5.4.1：提供商业信用不管是对国有企业还是民营企业，都有利于企业促进技术创新，但是对国有企业的促进效果更大；获得商业信用对民营企业技术创新的促进作用更显著。

（二）市场地位

企业市场地位与商业信用之间存在显著的正向相关关系。首先，市场地位高的企业更容易获得商业信用，即市场地位越高，公司商业信用融资的规模就会越大（刘欢等，2015）。一方面，在价格歧视理论中，赊销行为体现为供应商对客户风险的识别策略，市场地位高的企业对于供应商来说风险较小，所以会获得更多的商业信用。另一方面，从博弈理论来看，市场地位较高的企业具有买方优势，议价能力强，上游企业对它的依赖性强（应千伟，2013；林冰，2017），可以要求供应商先发货后收款，或者通过向上游企业施加压力（如更换供应商）来获得较多的商业信用。其次，市场地位越高的企业，提供商业信用越多。Fabbri 和 Klapper（2016）认为，当一个企业具有较高的市场地位时，可以通过先获得后提供商业信用的方式来增强自己产品的竞争力。同时，尽量使商业信用的获取与提供达到相互匹配的状态，这不但增强了企业产品的竞争力，而且不会对企业经营活动的正常运转产生影响。因此，企业的市场地位越高，越容易获得商业信用，并且会提供更多的商业信用。

所以，市场地位较高的企业，获得与提供的商业信用较多。获得商业信用理论上可能通过融资效应与负债治理效应，进一步促进企业技术创新；提供商业信用理论上可能通过市场竞争效应、质量保证效应促进企业技术创新。所以，市场地位较高的企业相对于市场地位较低的企业能够通过使用更多的商业信用促进技术创新。因此提出研究假设 5.4.2：市场地位较高的企业使用商业信用对技术创新的促进作用更大。

二　实证检验

（一）所有权性质

本部分将基于工业企业数据库与上市公司数据库，从企业所有权的角度进行商业信用对技术创新影响的结构性分析。

1. 基于工业企业数据库

表 5.4.1 至表 5.4.2 为区分企业产权类型的回归结果（$t+1$ 期和 $t+2$ 期）。$t+1$ 期和 $t+2$ 期的回归结果说明提供和获得商业信用均能持续促进企业技术创新数量的增加。通过比较系数发现，提供商业信用对于国有企业技术创新的促进强度较民营企业更为强烈。获得商业信用对民营企业技术创新的促进作用更强。

2. 基于上市公司数据库

由表 5.4.3 至表 5.4.4 可以得出，获得商业信用对国有企业技术创新的促进作用一般强于民营企业。同样，国有企业提供商业信用对技术创新的促进作用一般也更大。

表 5.4.1　　　　　　　　对 $t+1$ 期专利数量的回归结果

	国有企业			民营企业		
AR	2.048*** (-0.178)		2.650*** (-0.274)	0.285*** (-0.066)		0.173** (-0.077)
AP		1.362*** (-0.264)	0.539* (-0.284)		0.524*** (-0.075)	0.477*** (-0.078)
控制变量	控制	控制	控制	控制	控制	控制
年度效应	控制	控制	控制	控制	控制	控制
行业效应	控制	控制	控制	控制	控制	控制
常数项	-175.0*** (-15.62)	-260.8*** (-44.99)	-266.6*** (-45.03)	-166.0*** (-10.28)	-334.4*** (-17.34)	-335.0*** (-17.34)
观测值	108200	29225	29225	611037	455262	455262
Pseudo R^2	0.200	0.199	0.203	0.137	0.142	0.142

表 5.4.2　　　　　　　　对 $t+2$ 期专利数量的回归结果

	国有企业			民营企业		
AR	2.185*** (-0.193)		2.893*** (-0.308)	0.331*** (-0.074)		0.226*** (-0.085)
AP		1.241*** (-0.317)	0.373 (-0.34)		0.613*** (-0.086)	0.555*** (-0.089)
控制变量	控制	控制	控制	控制	控制	控制
年度效应	控制	控制	控制	控制	控制	控制
行业效应	控制	控制	控制	控制	控制	控制
常数项	-198.4*** (-17.72)	-325.8*** (-60.47)	-327.5*** (-60.52)	-204.9*** (-12.25)	-414.5*** (-22.91)	-414.0*** (-22.9)
观测值	86869	21065	21065	443957	312149	312149
Pseudo R^2	0.201	0.200	0.205	0.131	0.135	0.135

表 5.4.3　　　　　　　　不同所有制回归结果

	国有企业				民营企业			
	Inno	Inno_i	Inno_u	Inno_d	Inno	Inno_i	Inno_u	Inno_d
AP	2.673*** (0.414)	1.795*** (0.409)	2.870*** (0.450)	5.180*** (0.821)	2.122*** (0.445)	0.754* (0.399)	3.966*** (0.499)	3.256*** (0.729)

续表

	国有企业				民营企业			
	Inno	Inno_i	Inno_u	Inno_d	Inno	Inno_i	Inno_u	Inno_d
AR	4.061***	4.329***	4.437***	2.453***	2.874***	2.584***	3.367***	0.700
	(0.479)	(0.474)	(0.504)	(0.816)	(0.329)	(0.314)	(0.389)	(0.508)
控制变量	控制	控制	控制	控制	控制	控制	控制	控制
常数项	-12.3***	-14.5***	-14.9***	-10.7***	-11.42***	-12.7***	-11.57***	-13.1***
	(1.080)	(1.192)	(1.148)	(1.914)	(0.941)	(0.968)	(1.166)	(1.630)
观测值	9502	9502	9502	9502	10875	10875	10875	10875

表 5.4.4　　　　　　　　不同所有制 $t+1$ 期回归结果

	国有企业				民营企业			
	Inno	Inno_i	Inno_u	Inno_d	Inno	Inno_i	Inno_u	Inno_d
AP	2.925***	2.086***	3.175***	5.716***	2.293***	0.858**	4.168***	3.778***
	(0.446)	(0.430)	(0.475)	(0.866)	(0.485)	(0.431)	(0.537)	(0.787)
AR	4.283***	4.488***	4.498***	2.381***	3.137***	2.757***	3.622***	0.816
	(0.514)	(0.498)	(0.533)	(0.861)	(0.370)	(0.345)	(0.427)	(0.559)
控制变量	控制	控制	控制	控制	控制	控制	控制	控制
常数项	-13.0***	-15.3***	-15.3***	-10.9***	-11.7***	-13.7***	-11.38***	-12.4***
	(1.139)	(1.232)	(1.185)	(1.966)	(1.057)	(1.141)	(1.299)	(1.731)
观测值	8574	8574	8574	8574	9207	9207	9207	9207
Pseudo R^2	0.089	0.111	0.107	0.039	0.089	0.093	0.082	0.025

(二) 市场地位

本部分将基于上市公司数据，从企业市场地位的角度进行商业信用对技术创新影响的结构性分析。借鉴张新民等（2012）、Elahi等（2021）的做法，本书采用企业市场占有率作为企业市场地位的衡量指标。企业市场占有率是企业的销售收入占整个行业销售收入的比重，表明企业在整个市场上的"势力范围"，是衡量企业市场地位的重要标志。本书将市场地位定义为企业 i 的年度销售额占行业内所有企业的年度销售额之和的比例。市场地位分类的标准为：当企业年度销售额与行业销售额的比率大于行业样本中位数时,该企业为市场地位高的企业;当企业年度销售额与行业销售额的比率小于行业样本中位数时,该企业为市场地位低的企业。

图 5.4.1 表明就商业信用的提供来说,市场地位高的企业平均提供的商业信用与市场地位低的企业平均提供的商业信用差异并不明显,两者的变化趋势相近。就商业信用的获得来说,从图 5.4.2 可以看到,市场地位高的企业获得的商业信用远远大于市场地位低的企业,这表明市场地位越高,企业的影响力越大,而供应商往往愿意提供给影响力较大的企业更多的商业信用。表 5.4.5 和表 5.4.6 是在不同市场地位下企业变量的统计性描述。

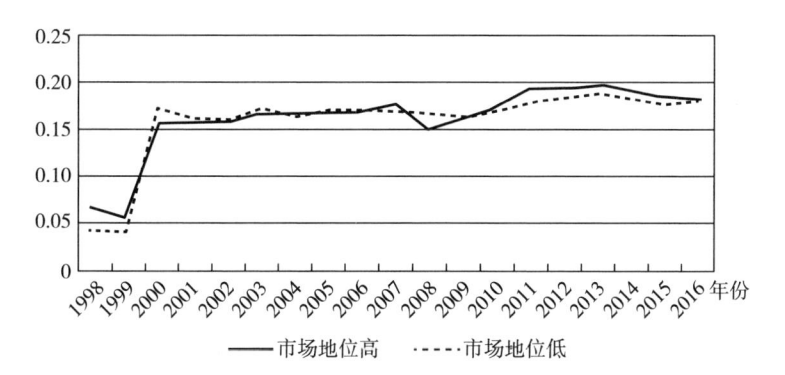

图 5.4.1　不同市场地位企业提供商业信用的情况

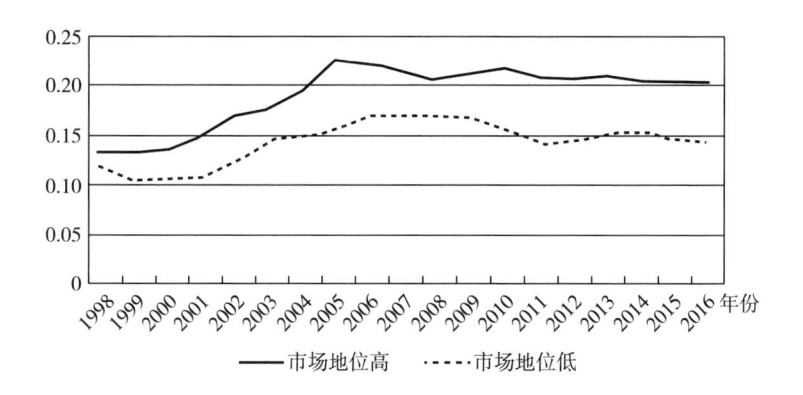

图 5.4.2　不同市场地位企业获得商业信用的情况

表 5.4.5　　　　　　　高市场地位企业变量统计性描述

变量	观测值	均值	标准差	最小值	最大值
Liq	6025	1.517	1.206	0.262	18.320
AR	6025	0.174	0.122	0.000311	0.975
AP	6025	0.200	0.135	0.000284	0.865
Lev	6025	0.532	0.181	0.0488	1.058
ROA	6025	0.0710	0.0642	−0.190	0.271
$SlaesGrowth$	6023	0.199	0.329	−0.567	1.926
$Size$	6025	22.810	1.391	17.410	28.510
Age	6025	2.704	0.414	0.693	3.689
$Inno$	6025	2.656	1.964	0	9.296
$Inno\_i$	6025	1.878	1.795	0	8.678
$Inno\_u$	6025	1.811	1.836	0	8.708
$Inno\_d$	6025	0.865	1.375	0	6.529

表 5.4.6　　　　　　　低市场地位企业变量统计性描述

变量	观测值	均值	标准差	最小值	最大值
Liq	16600	2.709	3.091	0.262	18.320
AR	16601	0.173	0.113	$1.40e-06$	0.872
AP	16601	0.149	0.111	$2.40e-05$	0.977
Lev	16601	0.416	0.220	0.0488	1.058
ROA	16601	0.0564	0.0675	−0.190	0.271
$SlaesGrowth$	16596	0.154	0.358	−0.567	1.926
$Size$	16601	21.360	0.988	17.050	26.960
Age	16601	2.714	0.373	0.693	4.220
$Inno$	16601	1.873	1.474	0	7.009
$Inno\_i$	16601	1.179	1.205	0	6.730
$Inno\_u$	16601	1.229	1.331	0	6.737
$Inno\_d$	16601	0.454	0.911	0	6.526

表 5.4.7 为基准回归结果，除了 $Inno\_d$ 回归结果的 Pseudo R^2 没有通过检验，其他方程均通过了检验。其中，获得与提供商业信用对创新产出的影响均显著为正，表明无论是市场地位高的企业还是市场地位低的企业，使用商业信用都能促进专利产出。进一步分析回归系数可以发现，商业信用的获得与提供对市场地位高的企业的创新产出的促进作用强于市场地位低的企业。这验证了研究假设 5.4.2，即市场地位较高的企业，获得与提供商业信用较多。获得商业信用理论上可能通过融资效应与负债治理效应进一步促进企业技术创新；提供商业信用理论上可能通过市场竞争效应、质量保证效应促进企业技术创新。所以，市场地位高的企业相对于市场地位低的企业能够通过使用更多的商业信用促进技术创新。

表 5.4.7　　　　　　　不同市场地位的基准回归结果

	市场地位高的企业				市场地位低的企业			
	$Inno$	$Inno\_i$	$Inno\_u$	$Inno\_d$	$Inno$	$Inno\_i$	$Inno\_u$	$Inno\_d$
AP	2.543***	1.549***	3.336***	5.625***	2.363***	1.204***	3.287***	3.685***
	(0.527)	(0.530)	(0.566)	(0.922)	(0.315)	(0.292)	(0.359)	(0.539)
AR	3.780***	4.506***	3.868***	2.028**	3.234***	2.922***	3.893***	0.892*
	(0.587)	(0.592)	(0.627)	(0.879)	(0.279)	(0.264)	(0.309)	(0.461)
控制变量	控制	控制	控制	控制	控制	控制	控制	控制
常数项	-13.4***	-16.2***	-17.26***	-8.76***	-6.99***	-7.98***	-9.80***	-4.85***
	(1.391)	(1.528)	(1.434)	(2.296)	(0.737)	(0.733)	(0.858)	(1.249)
Pseudo R^2	0.0919	0.1150	0.1071	0.0330	0.0716	0.0821	0.0782	0.014

三　小结

本节从企业所有权特征和企业市场地位两个方面，考察商业信用对技术创新的结构性影响差异。通过理论与实证分析，本节发现，第一，在企业所有权性质层面，无论是基于工业企业数据库还是基于上市公司数据库，回归结果均表明提供和获得商业信用都能显著促进国有企业和民营企业创新的增加。此外，进一步研究发现，基于工业企业数据库数据，国有企业提供商业信用对技术创新的促进作用更大，民营企业获得商业信用对技术创新的促进作用更显著，而上市企业中不管是提供还是获得商业信用都对国有企业的促进作用都更强。第二，在企业市场地位层面，商业信用对高市场地位企业创新的促进作用强于对低市场地位企业创新促进作用。

第六章　商业信用促进技术创新的对策建议

本书第二章到第五章先是从理论上分析了商业信用如何影响技术创新，然后分别从整体回归、机制检验、结构分析的角度研究了商业信用对技术创新的影响。本章将对前面的研究结论和发现的问题提出具体的对策建议。

首先，理论分析发现商业信用能够通过融资效应促进技术创新，但是机制检验发现目前商业信用对技术创新的影响中只发挥了间接融资效应，其融资效应更多的是促进了低质量的技术创新。对于大多数的非上市企业，直接融资效应并未发挥作用。如何充分发挥商业信用的融资功能，使大多数非上市企业能通过获得商业信用为技术创新提供资金来源？本书认为可以通过大力发展供应链金融，缓解信贷市场中的信息不对称，为发挥商业信用的直接融资作用以及信号作用提供条件，进而推动商业信用对技术创新的促进作用。

其次，理论和实证分析显示，商业信用对技术创新都会产生对市场竞争的负向作用，商业信用的强制性效应也显著存在，这些现象与商业信用使用过程中面临的各种风险有关。最后，结构性影响的研究发现，良好的内外部环境会更有利于提升使用商业信用对企业技术创新的作用。

因此，本章将分别从发展供应链金融以发挥融资效应、防范商业信用风险以降低商业信用的不利影响、注重内外部环境的提升这三个视角为切入点，探讨如何为发挥商业信用的积极作用提供保障。

第一节 基于供应链金融发展的对策分析

结合第四章的机制检验，本书发现不管是普通企业还是上市企业，融资效应对于各种类型企业的商业信用促进技术创新作用的发挥都起重要的作用。如何更好地发挥企业的融资效应，重要的环节就是提高企业融资的可获得性及便利性，降低信息不对称程度，因此一个信息共享及时且准确的平台尤为重要。但是，如何让平台获得企业的认可，吸引企业入驻并提供真实的信息显得尤为重要。近年来，随着交易量的增长和政府相关政策的出台，供应链金融成为一种具有效率的融资平台体系。供应链金融是一种结合当下数字经济和信息共享的新式融资模式，可以极大降低信息不对称，缓解企业融资约束，进而有利于发挥促进企业技术创新的正向作用。本节将根据供应链金融的发展现状，提出尚存的问题，并提出有利于更好利用商业信用的融资效应的对策建议。

一 供应链金融发展现状

供应链金融是为中小型企业制定的一套融资模式，将资金整合到供应链管理中，以核心企业为中心，以真实存在的贸易为背景，通过对资金流、信息流、物流进行有效控制，把单个企业的不可控风险变为供应链企业整体的可控风险。通过获取各类信息，将风险控制在最低，从而提高链条上的企业在金融市场融得资金的可能性，进而促进链条上企业间的高效运转，实现资源的有效整合。

供应链金融这一概念在国内还不是很成熟。2003年，深圳发展银行开展了"1+N"业务，后来这一业务逐渐发展成供应链金融服务。2017年10月，国务院办公厅发布《关于积极推进供应链创新与应用的指导意见》，提出推动供应链金融服务实体经济，鼓励商业银行、供应链核心企业等建立供应链金融服务平台，为供应链上中下游中小微企业提供高效便捷的融资渠道。受益于数字经济发展和政策红利，最近几年供应链金融稳步发展（见图6.1.1）。

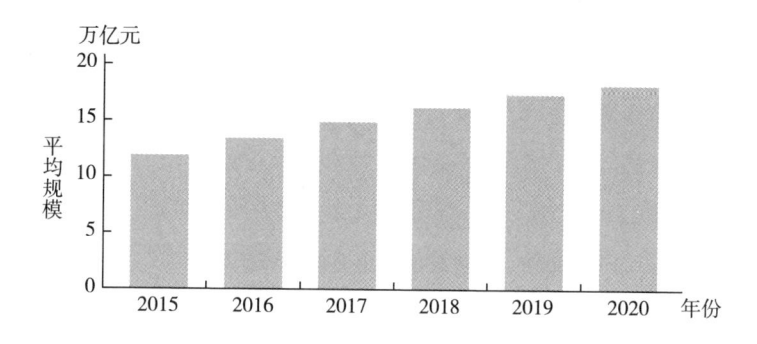

图 6.1.1 我国供应链金融市场规模

商业信用中的应收账款融资属于供应链金融产品之一，上下游企业借助互联网平台完成应收账款债权确权、流转和融资，能有效缓解企业因抵押不足的融资困境。与普通的商业信用模式相比，供应链金融模式通过解决信息不对称、风险分担和提升流动性溢价等，能够极大地提升供应商的销售规模（发挥市场竞争效应），并提高整个供应链的效率，极大缓解企业的融资约束，相关模式对我国企业的技术创新具有重要的战略意义。自2008年以来我国工业企业应收账款净额也在逐渐增加（见图6.1.2）。

目前，商业银行现金管理系统不仅与电子票务系统、信贷管理系统和在线供应链金融数据整合，同时还支持网上银行等方式，为客户提供多层次、多实现通道技术平台，以达到企业信息共享的目的，从而有利于企业商业信用的使用，促进了企业的技术创新。供应链金融的核心是"银行实现贷款客户信息共享，减少了银行面临的借款人的逆向选择和道德风险问题"。随着供应链金融理论的进一步成熟，技术的发展一定会给供应链金融的未来发展创造更加广阔的空间，企业的融资约束也会极大缓解，商业信用对技术创新的融资效应会进一步发挥作用。

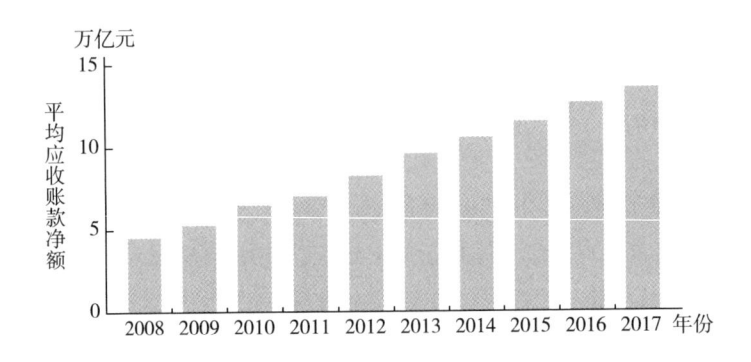

图 6.1.2　我国工业企业应收账款净额

二　供应链金融目前存在的问题

我国供应链金融目前处于初步发展阶段，缺乏相应的制度和信息共享体系，企业对其重视程度还不够，这极大制约了供应链金融对缓解企业融资作用的发挥。

（一）供应链金融缺乏制度的保护和支持

由于供应链金融在我国的发展处于刚刚起步的阶段，相关的制度或法规仍然很不完善，从现在的供应链金融发展可以看出，商业银行、核心企业及其上下游中小企业一方面没有约定相对统一的操作规范，业务的流程存在投机的现象，另一方面合同条款也很不完善，出现问题后往往互相推诿责任，导致运营风险的出现。这些制度上的缺失使供应链金融很难成为缓解融资约束的重要工具。

（二）供应链金融的参与主体也缺乏对其应有的重视

供应链金融涉及众多的企业和金融机构，企业和企业、企业和金融机构之间的合作与信息共享是供应链金融发挥作用的重要前提。目前，成熟的信息共享体系尚未建成，制约着商业信用融资效应的发挥，而且商业银行和其他机构之间的合作仍需深化。商业银行在供应链金融中发挥着核心的作用，但在业务的往来中，与供应链的其他主体的协调水平依旧处于较低的水准，没有能够真正做到业务一体化。企业和机构之间不能及时对供应链金融提供足够的商业融资信息,加上缺乏跨地区、跨行业的信息共享机制,使供应链运行中有关数据的收集与管理不能满足相关业务的需要,最终制约了商业信用融资。

(三)供应链金融的信息化技术管理有待提高

中小企业信息化系统建设的信息化、科技化的程度是远远不够的。而作为资金供给方的商业银行在这一系统的管理上也缺乏成熟的经验。供应链金融要发展,一定离不开技术的支持。国外成熟的供应链金融业务都以先进的技术手段作为基础,尤其是云计算和大数据等技术。在国内,由于电子商务技术、金融信息技术、平台建设和大数据等方面的发展比较滞后,供应链金融的技术比较匮乏,很多企业和机构的基础信贷业务仍依靠人工操作完成,这无疑严重影响了效率。而且,人工操作很容易出现纰漏,导致风险增加,这也是国内推行供应链金融比较缓慢的一个重要原因。

三 对策建议

(一)政府角度

1. 出台相应的政策法规和交易规则,规范供应链金融的发展

供应链金融涉及多个主体,通过它们之间的协调,才成就了这一融资模式。然而,正是由于涉及的主体过多,过程烦冗,各个主体之间存在着信息不对称、要求规定标准不统一等问题,各系统之间的信息传递效率低下。因此,要建立有效的制度,制定相对统一的业务操作流程,必要时订立各方契约和合同规范,使供应链金融的运作有据可依,各方责任明确。同时,政府也应根据当前供应链金融发展的需要及其发展的趋势制定相应的制度法规,鼓励开展供应链融资以解决我国众多中小企业存在的融资问题,使得在供应链交易主体出现交易摩擦时有章可循。

2. 鼓励供应链金融产品创新,进行相关服务的支持

应当制定相对统一的创新产品设计标准、贷款标准、定价标准与操作标准,根据中小企业的融资需要设计出新的融资模式,在包括动产的抵押等模式中加大资源的倾斜,实现众多目标以满足供应

链资金的需要，紧跟供应链金融产品创新的步伐，从整体的高度把握供应链金融创新的背景、特点和趋势。在交易中的每个交易主体都要为自己的交易作出贡献，共同为供应链过程中的物品、资料、货币三者之间的融合构想出一个合适的方法，以实现融资链条的物尽其用。

3. 借助新一代信息技术来推动传统供应链金融向数字化、智能化转型

供应链金融是典型的多主体参与、信息不对称、信用机制不完善、信用标的非标准的场景，与区块链技术有天然的契合性。在区块链供应链金融模式下，能够协调所有参与方共享数据并形成合作。而由于金融行业的特殊性，大数据与之融合有着天然的优势。而在供应链金融中，大数据技术主要应用于整合资源信息、解决信息不对称问题、指引金融服务商业等方面。物联网通过传感器装置将所有物品连上网络，产生的数据因含有物品的时间、位置、环境等信息，比起互联网产生的数据将更庞大、更客观而且更全面，因此物联网与金融的结合，在定价、风控、监管方面具有显著的优势。

因此，在区块链、大数据、物联网等技术融合下，供应链金融将走向数字化、智能化，并依托于相关技术的范式，协助构成未来的产业生态。

(二) 企业角度

1. 建立与交易企业和金融机构的合作关系

供应链金融中链条的稳定性是促进商业信用融资的重要保证，这就要求企业机构之间应该加强合作。合作企业可以帮助商业银行监管下游中小企业即分销商的动产，实现银行对货权控制的主动权；合作企业在抵押融资这种方式中发挥了作用，通过这一方式物流企业实现了与银行的协同，实现了对于下游企业监控，同时也加强了银行在货物经营权上的地位。在应收账款融资模式中，合作企业可以给商业银行和合作企业作担保，减少应收账款收不回的风险，协调与银行和合作企业的关系。银行则对合作企业给予相对较

高的信用等级评价和更低的信贷门槛。因此，商业银行和企业应当加强相互间高质量商业信用行为的合作，分散风险，减少面临的风险，实现更全面便捷地为中小企业提供融资的目标。

商业信用是一种融资渠道，企业应高度重视其融资效应带来的资金流增加以满足企业生产经营需要。应改变传统观念，充分利用商业信用，加强与相关企业的长期战略合作，实现互利共赢而不是孤立存在。本书通过实证研究发现，对于从外部正规金融渠道融资较为困难的企业而言，商业信用确实有利于缓冲融资约束，为企业的正常运转提供帮助。所以，企业应合理利用自身优势，借助商业信用等非正规金融渠道为企业融资。

2. 建立行业间的信息化管理系统，做好相关人才储备工作

由于国内的金融行业以及信息化程度都相对处于一个成长期，国家对于这个行业的资源倾斜还是远远不够的，这些都在一定程度上阻碍了业务的扩张发展。建立行业之间的信息化管理系统，企业一方面应及时向系统提供足够而真实的商业融资信息来保证平台的平稳有效运行，另一方面应加大对信息化管理系统的投入。但区块链、大数据和物联网都属于当下前端的技术，是行业间信息管理系统发展的重要依托，且这些工作具有高附加值性，这就需要具备足够专业技能的人来从事这些工作，也就要求企业应做好战略性人才的储备工作。

第二节　基于商业信用风险防控的对策分析

在机制检验中，本书发现商业信用会通过强制性效应和市场竞争的负作用而不利于技术创新的发展，这反映出商业信用使用中存在着各种风险。所以，本节结合商业信用风险的现状和存在的问题，提出改进措施和建议。

一 商业信用发展中存在的主要风险

通过理论和实证研究发现，商业信用作为一种短期融资方式具有两重性，既能促进企业的生产经营，也可能抑制企业的发展。商业信用既有着服务实体经济的融资作用，也带来阻碍经济发展的各种风险。当前，经济下行压力持续加大，国际贸易环境较为复杂，行业竞争残酷，多数企业面临应收账款激增、利率下降、资金链紧张等困境（张峰等，2019），因此研究商业信用风险对企业发展至关重要。目前，商业信用风险主要表现在信用风险突出和流动性风险增强两个方面。

（一）信用风险突出

商业信用中的信用风险指的是，债务人或交易方未能履行合同所规定的、商业汇票支付所约定的付款义务或信用质量发生改变，从而给债权企业或汇票持有人造成经济损失的风险。经济下行压力下，企业尤其抗周期能力较差的中小型企业，短期偿还能力下降，面临应收账款坏账及财务报表造假等方面的信用风险。

1. 应收账款坏账

出现应收账款坏账风险有以下三个方面的原因：一是短期形式的商业信用与集中到期的企业长期债券和海外债券的叠加。当这些负债归还日期重合时，会加剧应收账款归还压力和期限延长。二是企业风险观念意识淡薄。当外部竞争环境激烈时，有些公司为了抢占市场份额，会省略或简化对客户资信情况的分析调查，盲目赊销，这一行为必然会加大应收账款回款的难度。三是企业缺乏有效的内部控制及内部考核制度。企业为追求销售收入及利润指标而忽略现金流，将销售额与销售人员的工资薪金挂钩，导致销售人员为了业绩盲目赊销，致使公司应收账款大量攀升，坏账的风险显著提高。

2. 财务报表造假

很多企业通过美化财务报表、虚增应收类资产以抬高利润，达到应收账款融资目的。保理业务是部分大型上市公司管理应收账款的一个重要手段，据 Wind 数据库不完全统计，截至 2019 年 8 月，近百家 A 股上市公司公告拟成立或收购商业保理公司。利益越是集中的地方，越容易遗失信用，伴随应收账款融资业务的兴起，应收账款造假案也不断被爆出，有些企业通过伪造合同、虚构应收账款获取资金。可以说，应收账款的真实性直接影响着商业信用融资业务的健康发展。

（二）流动性风险增强

商业信用流动性风险的挑战主要来自产品市场和货币市场两方面压力。

1. 企业债务负担加重

近几年，赊销成为促进销售的主要方式之一。从现有的数据（见表 6.2.1）来看，自 2012 年起，随着赊销的增加，应收账款的余额持续增加，其占流动性资产的比例也相应提高。而较多的应收账款将影响企业的资金周转速度和经营活动的现金流，导致企业的营运资金存在一定的压力。特别是下游客户的回款速度放缓，企业未进行有效的应收账款管理，会对其资金周转、经营业绩及企业利润产生不利影响。沉重的债务负担不断挤压着可支配资金的空间（胡胜等，2017；2018），降低了企业的有效需求。

表 6.2.1　全国规模以上工业企业应收账款及流动资产

	指标	2012 年	2013 年	2014 年	2015 年	2016 年	2017 年	2018 年	2019 年
流动资产	累计值（亿元）	36.24	40.82	43.50	46.07	49.62	53.43	55.42	58.73
	累计增长（%）	11	10.6	7.8	5.3	8.2	9.6	7.6	6.5
应收账款	累计值（亿元）	8.22	9.57	10.52	11.45	12.58	13.48	14.34	17.40
	累计增长（%）	16.9	14	10	7.9	9.6	8.5	8.6	4.5
应收账款占流动资产比例（%）		22.7	23.4	24.2	24.9	25.4	25.2	25.9	29.6

资料来源：国家统计局，由天逸金融研究院分析整理。

2. 外部环境增加企业流动性压力

中小企业是我国商业信用的主力军，由于其资产规模偏低，可用于抵押贷款的资产有限，往往被整体认定为高信用风险群体。且中小企业长期面临融资难、融资贵问题，在自有资本较少情况下，抗市场波动风险能力也较弱（刘鹏程和孟小怡，2021；Rathneyake et al.，2021a,b），一旦企业后续收入不足或商业信用期限延长，回笼资金速度放缓，企业会更加依赖外部融资来充当偿还准备金和补充营运资金，因而中小企业受外部融资环境影响较大，当货币政策或信贷政策收紧时，会增加企业的流动性压力。

二 商业信用风险防范措施

（一）政府角度

1. 加快推进征信系统建设的规范化

政府应积极推进征信业务法制建设的规范化。在目前征信法制体系的基础上，进一步强化核心法规，完善配套的征信管理法律法规，明确市场准入门槛及信用信息使用范围的具体限制，以保障征信信息安全；完善企业诚信评价、监督、监管体系以及征信体系的建设，建立信息公开平台和信息数据库，实现资源共享，减轻信息不对称带来的负面影响。此外，需从制度和机制上加强违法失信惩戒，使企业不敢失信。具体做法如下：建立查询系统，确保商业信用信息的公开性，让企业自我监督和约束；丰富企业信用状况保存，将企业不良信息记录在大数据系统，并保持一定期限；实现失信企业信息公开化，记录并向社会公布失信企业名单，让其自行接受市场的惩戒和淘汰。

2. 规范商业信用融资业务

政府应颁布相关法律法规及政策，拓展商业信用融资业务。继续探索操作性强、符合我国实际的商业信用融资模式。为促进应收账款质押融资、商业保理以及应收账款证券化的规范发展和业务发展，应结合我国商业信用实际和社会信用服务水平，从各方面做出合理调整。合理控制商业信用规模，过多或过少使用商业信用都不利于企业健康发展，政府需要根据财政政策、货币政策、行业发展周期风控水平等多重因素的综合考量，实行动态管理，逐步引导企业合理使用商业信用。

3. 进一步完善商业信用风险监测体系

政府应完善针对产能过剩行业的商业信用风险监测系统，加强信息公开共享，及时启动风险预警机制。此外，政府应合理发挥产业政策对行业竞争的导向作用，国家产业政策的出台应充分考虑地区差异、行业竞争程度及企业主体特征等因素，最大限度提高资本等要素配置效率，间接引导企业合理使用商业信用；相关政府部门要建立产业政策实施效果监测机制，及时跟踪，动态评估，适时调整，最大程度提升产业政策引导效果。

（二）企业角度

1. 提高商业信用风险评估能力

关于商业信用风险评估方法多数沿用银行的风险评估模型，除了延续信用风险评估通用部分，企业还应结合具体商业信用特点，更新风险评估方法，提高评估效果。应收账款业务中涉及的风险，不仅与受信主体的信用水平相关，还与企业业务模式及相关法律制度安排等因素相关。因此，信用评级的方法应注重财务指标与非财务指标的综合以及定性和定量方法的结合，克服完全依靠模型的绝对定量判定，进而提高信用评级结果的客观性和可靠性。结合信用风险的实际来源，财务指标应侧重于真实交易背景的评价与资产质量的测评；指标数值要与企业成长周期结合起来具体分析，特别是一些新兴行业和高科技领域的高成长性的企业。非财务因素除了信用5C基本指标还需进一步丰富，例如添加环境因素的影响。

2. 提高企业自身信誉水平

企业培养良好的诚信形象，是立业之本。良好信誉在一定程度上可以避免因企业经常性违约而付出更多成本，同时会加大客户对企业商业信用的使用力度。培养企业良好信誉的具体做法包括：加强诚信文化建设，强化诚信意识，培养企业对契约的尊重，保持良好的诚信记录，珍惜商业信誉，对于约定好的合同条款按照合约执行；在行业内建立商业联盟，做好行业间信息共享，同时联合抵制破坏企业诚信道德的行为，提升行业内部整体信用水平，在企业内部成立专门部门，及时做好对企业使用商业信用情况的反馈工作，为商业信用的发展提供良好的信用环境，以充分发挥商业信用的技术创新促进效应，推动企业健康发展。

3. 提高企业信用治理水平

首先，企业应提高员工的信用管理意识，高度重视商业信用的事前风险识别工作。在与客户签订协议前，大量收集客户资料，建立客户管理机制，通过收集整理客户档案、交易前对客户进行风险评级，对不同信用等级的客户授予不同的赊销额度。事前严格审查客户信用情况，会更有效控制坏账风险。其次，设置独立的信用管理部门，监督商业信用提供过程中的信用审批，防止信用滥用和不当使用，此外，企业可以针对客户具体情况甄别商业信用结算方式、信用额度、信用期限、现金折扣力度，合理使用应收账款保理方式，并重视应收账款的催收工作，做好充分的坏账准备工作。最后，信用风险的事后控制集中在受信企业的资信变动趋势的分析、判断，并综合运用多种策略，提前预防或控制可能出现的信用风险。企业可以根据实际情况制定合适的商业信用催收方式，当客户暂时无力偿付时，企业可以措辞委婉甚至延长期限，在催收账款的同时还能达到拉拢客户关系的目的；而当客户确实濒临破产清算、无力偿付或恶意拖欠时，企业应当采取强硬的法律手段，必要时可以委托代理机构帮助收款，最大限度降低企业风险损失。此外，企业应不定期对客户的风险登记重新评价，及时更新客户经营状况信息，以便及时调整相应的信用额度。

第三节 基于外部环境保障的对策分析

在第五章商业信用对技术创新的结构性影响研究中，本书发现外部环境对商业信用有效促进技术创新的机制产生重要影响。本节将基于外部环境视角来探讨。外部环境的众多因素都会影响企业的商业信用,进而影响企业的技术创新,本节结合外部环境现状,结合尚存在的问题,提出改进措施和建议。

一 商业信用使用的外部环境现状

目前,我国整体的外部环境是有利于商业信用融资的。无论普通企业还是上市企业对商业信用的使用在日常经营中都占有重要地位,比例整体没有太大的波动。这些都为企业商业融资创造了稳定的外部环境,有力地促进了企业的技术创新。

影响企业商业信用促进技术创新机制的外部环境因素众多,本书结合要素的重要性和前文的研究成果,认为主要包括法律和知识产权保护、政府干预、金融发展水平、社会资本、市场竞争五个方面。

在法治环境方面,法治环境较好地区的上市企业使用(提供和获得)商业信用以及产生技术创新的数量和质量都高于法治环境较差的地区;且在法治环境较好的地区,上市企业使用商业信用促进高质量技术创新的作用更为显著。

在政府干预方面,在政府干预较弱的地区,企业技术创新的数量和质量以及使用商业信用(包括提供和获得商业信用)均高于政府干预较强的地区。在2008年以后提供商业信用在政府干预弱的地区增长趋势更加明显。

在金融发展水平方面,金融发展水平较高地区的上市企业使用(提供和获得)商业信用以及不同类型的创新产出均高于金融发展水平较低的地区;且在金融发展水平较高的地区,上市企业使用商业信用尤其是获得商业信用促进高质量技术创新的作用更为显著。

在社会资本方面,社会资本较高的地区,企业创新的数量和质量均高于社会资本水平低的地区。企业使用商业信用占比也表现在社会资本高地区高于低地区。获得商业信用有利于增加企业创新产出和创新决策,且社会资本能够积极影响获得商业信用从而促进创新质量提升。

最后，从企业市场竞争角度的研究发现，市场竞争占优势的企业获得的商业信用远远大于市场竞争弱势的企业。且市场竞争占优势的企业的创新数量和质量更高。从商业信用的获得方面考虑，企业商业信用获得对市场竞争占优势的企业专利产出的促进作用强于对市场竞争弱势的企业专利产出的促进作用。

二 存在的问题

虽然我国现在的外部环境整体有利于商业信用融资，但是仍然存在一些负面问题，这些问题的存在制约了企业的商业信用融资，不利于通过商业信用促进企业的技术创新。本节将基于上文研究，指出现存的问题。

（1）我国有关商业信用的法律制度并不健全，而且对知识产权的保护并不到位。虽然《物权法》提升了债权人保护水平，有利于促进企业的技术创新，但是在商业信用行为中很多具体行为仍缺乏法律制度的保护，更多依靠非正式制度因素约束。而对知识产权保护是否到位直接关系技术创新成果能否被得到有效保护，因而影响企业技术创新的积极性（张峰和薛惠锋，2021）。

（2）我国社会资本对企业商业信用影响显著，但未获得足够的重视。非正式制度和正式制度共同支撑着资本市场与社会经济的运行，正式制度的间隙和漏洞主要通过各种非正式关系解决（Zhou et al.，2021）。社会资本是一种非正式制度，在法律等正式制度不健全的地区是一种很好的补充。社会资本高的地区企业创新成果普遍更高，但是目前鲜有措施致力于提高社会资本，而更多依靠其他因素发展带来潜在的被动的提高。

（3）我国金融市场发展和成熟金融市场发展相比仍存在一定差距。我国的金融市场政府干预较多，融资环境存在所有权歧视，民营企业融资困难。大多数普通民营企业不能利用商业信用实现直接的创新融资和公司治理功能，只有资金实力强的优质上市企业在使用商业信用过程中才能实现其积极作用。

（4）市场竞争效应导致的强制性提供商业信用普遍存在。提供商业信用对上市公司和工业企业都存在强制性效应，我国经济市场中存在的商业信用，有的是由企业主动提供的，有的是因买方恶意拖欠行为而被动产生的，而后一种商业信用的提供产生了强制性效应，不利于技术创新。

三 营造有利于商业信用促进技术创新良好环境的对策建议

（一）政府角度

1. 进一步健全法律制度，加强知识产权保护

本书发现，在法治水平高的地区，提供商业信用能够显著促进高质量创新而不利于低质量创新，获得商业信用对高质量和低质量创新都有显著的促进作用。本书认为，政府应进一步积极完善相关法律制度，促进企业商业活动有序进行，加强知识产权保护惩罚力度，为企业技术创新提供法律保障。

2. 提升全民社会资本水平，营造良好社会风气

政府和有关部门应着力培育社会资本，一方面，加快和完善个人与企业征信体系建设，充分发挥大数据、云计算等技术在征信体系建设过程中的作用，建立有效的信用信息共享机制和失信惩戒机制，培育社会信用文化；另一方面，充分发挥商会、协会等民间组织的积极影响，搭建企业与金融机构的交流合作平台，通过民间组织向金融机构推介民营企业发展项目，为其克服融资困难提供良好的外部环境。

3. 减少政府行政干预，改善信贷歧视，推进金融市场化进程

政府应优化商业信用制度安排，调控行为边界，提高市场的资源配置效率，对商业信用的使用趋利避害，应牢牢把握市场在要素配置中的决定作用，减少政府对信贷供给的过多干预，充分发挥市场机制在产业发展的资金投入、信贷资源在各类所有制企业分配中的调节作用，减少信贷供给的歧视。此外，政府和金融机构要注重公平、公正，积极鼓励中小企业使用商业信用，减少所有权歧视和信贷歧视问题，推动中国金融市场的进一步市场化改革。

(二)企业角度

1. 企业应着力提高自身竞争力

面对激烈的市场竞争,企业可以考虑产品差别化的竞争策略,采取"专业化、个性化、区域化"的竞争策略,通过专业化、高技术和高水平的服务取得市场中的竞争优势。此外,企业应该推进企业与高校等科研机构的优势互补,应重视在推动产学研深度融合过程中的主体作用,积极和高校等科研单位中的专业研究人员进行交流。同时,企业应加大自身的人才储备,为企业的技术创新提供足够的人力资源基础,提高企业的竞争力。

2. 提高议价能力,优化营运资本周转速度

企业应提高议价能力,加快企业营运资本调整速度,摒除过度依赖商业信用竞争的经营理念。企业可以通过产品议价能力提升和客户关系的维系,加强商业信用管理。此外,企业应提高产品质量保障力度和加强售后服务,那些融资无约束、强势客户要求对方提供商业信用的动机,除了以较低成本获取流动性,也含有间接的质量保证诉求。企业经营过程中还应紧跟国家发展规划方向,合理利用国家支持和鼓励的产业优惠政策,合理调整业务领域,制定相应的商业信用融资策略,更大程度地发挥商业信用对企业发展的促进作用。

3. 企业间建立区域合作网络和产业联盟

企业间可以建立区域合作网络和产业联盟,保证充足的商业信用供给。充分发挥区域合作网络和产业联盟的集聚效应,通过加强产业链上下游企业的长期合作以保证充足的商业信用供给,从而缓解企业技术创新过程中面临的外部融资约束。此外,企业的信用活动是征信体系建设最重要的一环,企业应加强在行业合作、员工履职方面的能力,充分发挥社会主义核心价值观的价值引领作用,在社会信用体系建设基础上,增强企业诚信意识,遵守市场交易规则。

参考文献

巴曙松:《中国货币政策有效性的经济学分析》,经济科学出版社 2000 年版。

边燕杰、丘海雄:《企业的社会资本及其功效》,《中国社会科学》2000 年第 2 期。

蔡雯霞、邱悦爽:《利率市场化下企业全要素生产率研究——基于信贷资源配置的视角》,《江苏社会科学》2018 年第 4 期。

曹俊杰:《资源与生态约束下创新区域现代农业发展模式研究》,人民出版社 2020 年版。

曹向、匡小平:《制度环境与商业信用融资有效性》,《当代财经》2013 年第 5 期。

曹向、匡小平、刘俊:《管理者过度自信、政府干预与商业信用》,《经济经纬》2013 年第 1 期。

陈彬、卢荻、田龙鹏:《商业信用、资源再配置与信用扭曲——基于中国非上市企业数据的研究》,《南开经济研究》2016 年第 5 期。

陈敏、方意:《我国票据市场收益率溢出效应的跨时空特征及其驱动因素研究:基于 LASSO – VAR 模型》,《暨南学报》(哲学社会科学版)2020 年第 11 期。

陈胜蓝、刘晓玲:《经济政策不确定性与公司商业信用供给》,《金融研究》2018 年第 5 期。

程新生、武琼、刘孟晖、程昱:《企业集团现金分布、管理层激励与资本配置效率》,《金融研究》2020 年第 2 期。

崔杰、胡海青、张道宏：《非上市中小企业融资效率影响因素研究——来自制造类非上市中小企业的证据》，《软科学》2014年第12期。

崔兆财、周向红：《信息化、省际贸易、知识溢出与中国区域经济异质增长——基于多维邻近视角下的交互影响研究》，《经济问题探索》2020年第8期。

邓玉茹、谢守红：《商业信用对上市公司投资效率的影响研究——基于不同货币政策视角》，《商业会计》2019年第13期。

董会忠、李旋、张仁杰：《粤港澳大湾区绿色创新效率时空特征及驱动因素分析》，《经济地理》2021年第5期。

樊纲、王小鲁、马光荣：《中国市场化进程对经济增长的贡献》，《经济研究》2011年第9期。

樊纲、王小鲁、张立文等：《中国各地区市场化相对进程报告》，《经济研究》2003年第3期。

方军雄：《所有制、市场化进程与资本配置效率》，《管理世界》2007年第11期。

方胜：《担保物权制度改革对企业负债的影响及后果：基于〈物权法〉自然实验的研究》，博士学位论文，华中科技大学，2018年。

付佳：《税收规避、商业信用融资和企业绩效》，《山西财经大学学报》2017年第2期。

高越：《国际生产分割模式下企业价值链升级研究》，人民出版社2019年版。

官小燕、刘志彬：《社会信任能够促进企业创新吗？——基于2007—2017年沪深两市A股制造业上市公司数据》，《中国社会科学院研究生院学报》2020年第1期。

郭晓玲、李凯：《供应链集中度、市场地位与企业研发投入：横向与纵向的二维视角》，《产经评论》2019年第2期。

何瑛、张大伟：《管理者特质、负债融资与企业价值》，《会计研究》2015年第8期。

胡胜、陈小林、蔡报纯：《地方政府债务风险的博弈论分析及优化治理研究》，《中国软科学》2017年第8期。

胡胜、雷欢欢、胡华强：《基于Logistic模型的我国房地产企业信用风险度量研究》，《中国软科学》2018年第12期。

胡泽、夏新平、曹立竑：《金融危机时期商业信用的产品市场竞争动机》，《金融研究》2014年第2期。

黄兴孪、邓路、曲悠：《货币政策、商业信用与公司投资行为》，《会计研究》2016年第2期。

江伟、曾业勤：《金融发展、产权性质与商业信用的信号传递作用》，《金融研究》2013年第6期。

姜军、申丹琳、江轩宇等：《债权人保护与企业创新》，《金融研究》2017年第11期。

蒋兵：《外部技术获取驱动下产品集成企业技术知识转化和能力提升研究》，中国经济出版社2019年版。

解维敏、方红星：《金融发展、融资约束与企业研发投入》，《金融研究》2011年第5期。

金碚：《债务支付拖欠对当前经济及企业行为的影响》，《经济研究》2006年第5期。

鞠晓生、卢荻、虞义华：《融资约束、营运资本管理与企业创新可持续性》，《经济研究》2013年第1期。

孔东民、徐茗丽、孔高文：《企业内部薪酬差距与创新》，《经济研究》2017年第10期。

雷娜、邓淑红：《中小企业运用商业信用融资探讨》，《现代农业》2017年第6期。

黎文靖、郑曼妮：《实质性创新还是策略性创新？——宏观产业政策对微观企业创新的影响》，《经济研究》2016年第4期。

李春霞、张伟、沈小波：《卖空机制能促进企业全要素生产率增长吗?》，《统计研究》2020年第9期。

李寿喜:《产权、代理成本和代理效率》,《经济研究》2007 年第 1 期。

李淑云:《进口对企业绩效的影响研究》,经济管理出版社 2019 年版。

李扬:《融资规模结构对上市公司绩效影响分析》,《管理世界》2011 年第 4 期。

林冰:《产业集聚对中国制造业参与国际分工影响研究》,经济科学出版社 2017 年版。

林毅夫、孙希芳:《信息、非正规金融与中小企业融资》,《经济研究》2005 年第 7 期。

林钟高、张春艳:《环境不确定性、客户集中度与企业创新能力——基于创业板公司上市前后主要客户变动的视角》,《会计之友》2017 年第 16 期。

刘凤委、李琳、薛云奎:《信任、交易成本与商业信用模式》,《经济研究》2009 年第 8 期。

刘欢、邓路、廖明情:《公司的市场地位会影响商业信用规模吗》,《系统工程理论与实践》2015 年第 12 期。

刘鹏程:《经济全球化对企业家精神的影响》,中国社会科学出版社 2019 年版。

刘鹏程:《协同创新与创客经济发展》,《东方论坛》2021 年第 3 期。

刘鹏程、孟小怡:《城市产业结构调整中的"逆库兹涅茨化"——基于流动人口居留意愿角度分析》,《重庆理工大学学报》(社会科学)2021 年第 1 期。

刘仁伍、盛文军:《商业信用是否补充了银行信用体系》,《世界经济》2011 年第 11 期。

刘廷华、周瑾、刘潇:《中国工业企业学习效应与效率收敛分析》,《统计与决策》2018 年第 24 期。

刘小鲁:《我国商业信用的资源再配置效应与强制性特征——

基于工业企业数据的实证检验》,《中国人民大学学报》2012 年第 1 期。

刘小玄、吴延兵:《企业生产率增长及来源:创新还是需求拉动》,《经济研究》2009 年第 7 期。

刘雪燕、李光勤、季永宝:《区域减税政策与企业生产率:学习效应与选择效应》,《财经研究》2021 年第 10 期。(8 月网络首发)

刘政、杨先明:《非正规金融促进了本土企业产品创新吗?——来自中国制造业的证据》,《经济学动态》2017 年第 8 期。

陆利平、邱穆青:《商业信用与中国工业企业出口扩张》,《世界经济》2016 年第 6 期。

陆正飞、杨德明:《商业信用:替代性融资,还是买方市场?》,《管理世界》2011 年第 4 期。

马光荣、刘明、杨恩艳:《银行授信、信贷紧缩与企业研发》,《金融研究》2014 年第 4 期。

毛其淋:《人力资本推动中国加工贸易升级了吗?》,《经济研究》2019 年第 1 期。

毛其淋、许家云:《中国企业对外直接投资是否促进了企业创新》,《世界经济》2014 年第 8 期。

聂辉华、江艇、杨汝岱:《中国工业企业数据库的使用现状和潜在问题》,《世界经济》2012 年第 5 期。

牛培路、白俊:《金融发展、银行信贷与商业信用再分配》,《金融论坛》2013 年第 10 期。

潘士远、蒋海威:《融资约束对企业创新的促进效应研究》,《社会科学战线》2020 年第 5 期。

蒲阿丽、李平:《资本配置扭曲与民营企业出口生存》,《商业经济与管理》2020 年第 6 期。

钱雪松、方胜:《担保物权制度改革影响了民营企业负债融资吗?——来自中国〈物权法〉自然实验的经验证据》,《经济研究》2017 年第 5 期。

任希丽：《当前世界经济长波运行状态及趋势研究》，经济科学出版社2018年版。

盛科荣、张杰、张红霞：《上市公司500强企业网络嵌入对中国城市经济增长的影响》，《地理学报》2021年第4期。

石晓军、李杰：《商业信用与银行借款的替代关系及其反周期性：1998——2006年》，《财经研究》2009年第3期。

石晓军、张顺明：《商业信用、融资约束及效率影响》，《经济研究》2010年第1期。

随洪光：《外商直接投资对经济增长质量影响的研究：机制、效果与结构演化》，人民邮电出版社2017年版。

随洪光、余李、段鹏飞：《外商直接投资、汇率甄别与经济增长质量——基于中国省级样本的经验分析》，《经济科学》2017年第2期。

孙浦阳、李飞跃、顾凌骏：《商业信用能否成为企业有效的融资渠道——基于投资视角的分析》，《经济学（季刊）》2014年第4期。

孙雪娇、翟淑萍、于苏：《柔性税收征管能否缓解企业融资约束——来自纳税信用评级披露自然实验的证据》，《中国工业经济》2019年第3期。

田朔：《汇率变动对中国企业出口的影响》，中国经济出版社2019年版。

田朔、齐丹丹：《人民币汇率变动对出口企业利润的影响研究》，《世界经济与政治论坛》2019年第5期。

汪争云：《公司治理、代理成本与企业技术创新》，硕士学位论文，昆明理工大学，2019年。

王建梅、王筱萍：《风险投资促进我国技术创新的实证研究》，《科技进步与对策》2011年第8期。

王杰、吴昊旻：《商业信用有利于企业"去库存"吗？》，《中南财经政法大学学报》2018年第5期。

王永进、冯笑：《行政审批制度改革与企业创新》，《中国工业经济》2018 年第 2 期。

王竹泉、孙兰兰：《市场势力、创新能力与最优商业信用供给》，《山西财经大学学报》2016 年第 10 期。

魏群、靳曙畅：《货币政策、商业信用与科技创新投资》，《科技进步与对策》2018 年第 11 期。

吴昊旻、王杰、买生：《多元化经营、银行信贷与商业信用提供——兼论融资约束与经济周期的影响》，《管理评论》2017 年第 10 期。

吴秋生、黄贤环：《财务公司的职能配置与集团成员上市公司融资约束缓解》，《中国工业经济》2017 年第 9 期。

吴石磊：《现代农业创业投资的梭形投融资机制构建及支持政策研究》，经济科学出版社 2018 年版。

吴石磊：《中国文化产业发展对居民消费的影响研究》，经济科学出版社 2016 年版。

吴翔：《商业信用与代理成本抑制效应研究》，《现代经济信息》2017 年第 5 期。

吴祖光、安佩：《商业信用融资对企业研发投入强度的影响——来自创业板上市公司的经验证据》，《科技进步与对策》2019 年第 6 期。

肖珉：《现金股利、内部现金流与投资效率》，《金融研究》2010 年第 10 期。

谢千里、罗斯基、张轶凡：《中国工业生产率的增长与收敛》，《经济学》2008 年第 2 期。

谢诗蕾：《所有权性质、盈利能力与商业信用的提供——基于巧分配理论的实证研究》，《上海立信会计学院学报》2011 年第 3 期。

徐传谌、郑贵廷、齐树天：《我国商业银行规模经济问题与金融改革策略透析》，《经济研究》2002 年第 10 期。

徐晓萍、李猛：《商业信用的提供：来自上海市中小企业的证据》，《金融研究》2009 年第 6 期。

徐业坤、李维安：《社会资本影响民营企业债务来源吗?》，《经济管理》2016 年第 4 期。

许家云：《中间品进口贸易与中国制造业企业竞争力》，经济科学出版社 2018 年版。

许家云、毛其淋：《生产性补贴与企业进口行为：来自中国制造业企业的证据》，《世界经济》2019 年第 7 期。

严若森、姜潇：《关于制度环境、政治关联、融资约束与企业研发投入的多重关系模型与实证研究》，《管理学报》2019 年第 1 期。

晏艳阳、蒋恒波：《信用制度变迁、商业信用与企业绩效》，《经济问题》2011 年第 11 期。

杨蕙馨、王军、冯文娜等：《构建现代产业发展新体系研究》，经济科学出版社 2018 年版。

姚星、杨孟恺、李雨浓：《商业信用能促进中国制造企业创新吗?》，《经济科学》2019 年第 3 期。

应千伟：《金融发展、商业信用融资与企业成长——来自中国 A 股上市公司的经验证据》，《经济与管理研究》2013 年第 9 期。

于博、植率：《我国商业信用再配置的动机检验及其治理效应分析——来自上市公司信贷漏损的证据》，《广东财经大学学报》2017 年第 4 期。

于国才：《引资激励、FDI 质量与技术溢出效应研究》，中国经济出版社 2019 年版。

余明桂、潘红波：《金融发展、商业信用与产品市场竞争》，《管理世界》2010 年第 8 期。

余明桂、潘红波：《政府干预、法治、金融发展与国有企业银行贷款》，《金融研究》2008 年第 9 期。

俞鸿琳：《关系网络、商业信用融资与民营企业成长》，《经济科学》2013年第4期。

袁卫秋、王海姣、于成永：《货币政策、社会责任信息披露质量与商业信用模式》，《会计与经济研究》2017年第1期。

张峰、宋晓娜、万毅：《工业取用水监测奇异数据挖掘与重构方法》，《统计研究》2019年第9期。

张峰、薛惠锋：《基于绿色发展的工业全要素水资源效率时空特征》，《资源科学》2021年第5期。

张红霞：《对外贸易差异影响我国区域经济协调发展研究》，人民出版社2018年版。

张杰、刘东：《商业信贷、融资约束与我国中小企业融资行为——基于江苏省制造业企业的问卷观测和实证分析》，《金融论坛》2006年第10期。

张杰、芦哲：《融资约束、融资渠道与企业R&D投入》，《世界经济》2012年第10期。

张杰、芦哲、郑文平等：《融资约束、融资渠道与企业R&D投入》，《世界经济》2012年第10期。

张林、丁鑫：《货币政策、商业信用与研发投入——基于产权性质差异的实证研究》，《商业研究》2018年第4期。

张新民、王珏、祝继高：《市场地位、商业信用与企业经营性融资》，《会计研究》2012年第8期。

张玉、胡昭玲：《东亚生产分工新格局：基于比较优势演化视角》，中国经济出版社2020年版。

张志新：《基于城乡统筹发展的农村劳动力转移与政府配套政策研究》，人民出版社2019年版。

郑玉：《高新技术企业认定的信号功能研究——基于外部融资激励的实证》，《金融理论与实践》2020年第2期。

周瑾、景光正、随洪光：《社会资本如何提升了中国经济增长的质量？》，《经济科学》2018年第4期。

周煊、程立茹、王皓：《技术创新水平越高企业财务绩效越好吗?——基于16年中国制药上市公司专利申请数据的实证研究》,《金融研究》2012年第8期。

周雪峰:《商业信用对非效率投资的影响:融资抑或治理》,《财经论丛》2014年第9期。

朱敏、杨慧、袁海东:《人才国际化与中国企业"走出去"》,《科学学研究》2019年第2期。

Aghion, P., N. Bloom and R. Griffith, et al., "Competition and Innovation: An Inverted U Relationship", *Quarterly Journal of Economics*, No. 2, 2005.

Alderson, M. J. and B. L. Betker, "Lesson on Capital Structure from Chapter 11 Reorganizations", *Journal of Applied Corporate Finance*, Vol. 28, No. 4, 1996.

Biais, B. and C. Gollier, "Trade Credit and Credit Rationing", *The Review of Financial Studies*, Vol. 10, No. 4, 1997.

Bönte, W. and S. Nielen, "Product Innovation, Credit Constraints, and Trade Credit: Evidence from a Cross – Country Study", *Managerial and Decision Economics*, Vol. 32, No. 6, 2011.

Cai, H. and Q. Liu, "Competition and Corporate Tax Avoidance: Evidence from Chinese Industrial Firms", *Economic Journal*, Vol. 119, No. 537, 2009.

Coase, R. H., "'Book – Review' The Development of the Business Corporation in England 1800—1867", *Weltwirtschaftliches Archiv*, No. 46, 1937.

Cull, R., L. Xu and T. Zhu, "Formal Finance and Trade Credit during China's Transition", *Journal of Financial Intermediation*, Vol. 18, No. 2, 2009.

Dixit, A. K., *The Economic Impact of Knowledge: The Options Approach to Capital Investment*, Taylor & Francis Ltd Publishing Company, 1998.

Elahi, E., Khalid, Z., Tauni, M. Z., Zhang, H. X., Lirong, X., "Extreme Weather Events Risk to Crop – Production and the Adaptation of Innovative Management Strategies to Mitigate the Risk: A Retrospective Survey of Rural Punjab, Pakistan", *Technovation*, 2021.

Elahi, E., Zhang, H., Lirong, X., Khalid, Z., and Xu, H., "Understanding Cognitive and Socio – Psychological Factors Determining Farmers' Intentions to Use Improved Grassland: Implications of Land Use Policy for Sustainable Pasture Production", *Land Use Policy*, No. 102, 2021.

Emery, G. W., "A Pure Financial Explanation for Trade Credit", *The Journal of Financial and Quantitative Analysis*, Vol. 19, No. 3, 1984.

Fabbri, D. and A. Menichini, "Trade Credit, Collateral Liquidation, and Borrowing Constraints", *Journal of Financial Economics*, Vol. 96, No. 3, 2010.

Fabbri, D. and L. F. Klapper, "Bargaining Power and Trade Credit", *Journal of Corporate Finance*, Vol. 41, 2016.

Faccio, M., L. H. P. Lang and L. Young, *Debt and Expropriation*, Social Science Electronic Publishing, 2007.

Fisman, R., "Trade Credit and Productive Efficiency in Developing Countries", *World Development*, Vol. 29, No. 2, 2001.

Fisman, R. and I. Love, "Trade Credit, Financial Intermediary Development, and Industry Growth", *The Journal of Finance*, Vol. 58, No. 1, 2003.

Fisman, R. and M. Raturi, "Does Competition Encourage Credit Provision? Evidence from African Trade Credit Relationships", *Review of Economics and Statistics*, Vol. 86, No. 1, 2004.

Garlappi, L., "Risk Premia and Preemption in R&D Ventures", *Journal of Financial and Quantitative Analysis*, No. 39, 2004.

Gary, C. B. , G. Hilary and S. V. Rodrigo, "How Does Financial Reporting Quality Relate to Investment Efficiency?", *Journal of Accounting & Economics*, Vol. 48, No. 2, 2009.

Hadlock, C. J. and Pierce, J. R. , "New Evidence on Measuring Financial Constraints: Moving Beyond the KZ Index", *Review of Financial Studies*, Vol. 23, No. 5, 2010.

Hall, B. H. , "The Financing of Research and Development", *Oxford Review of Economic Policy*, Vol. 18, No. 1, 2002.

Hirshleifer, J. , S. Bikchandani and J. G. Riley, "The Analytics of Uncertainty and Information: Market Equilibrium under Uncertainty", *Journal of Financial Literature*, No. 1, 2013.

Horen, V. Neeltje, "Customer Market Power and the Provision of Trade Credit: Evidence from Eastern Europe and Central Asia", *SSRN Electronic Journal*, 2007.

Horen, V. Neeltje, "Trade Credit as a Competitiveness Tool: Evidence from Developing Countries", *SSRN Electronic Journal*, 2005.

Jensen, M. C. and W. H. Meckling, "Theory of the Firm: Managerial Behaviour, Agency Costs and Ownership Structure", *SSRN Electronic Journal*, Vol. 3, No. 4, 1976.

Kishkina, N. , Zhang, Z. , and Rathnayake, D. N. , "Does Terrorism Effect on Belt and Road Initiative in China – Central Asia – West Asia Economic Corridor?", *Gorteria*, Vol. 61, No. 11, 2021.

Kumar, P. and Langberg, N. , "Corporate Fraud and Investment Distortions in Efficient Capital Markets", *The Rand Journal of Economics*, Vol. 40, No. 1, 2009.

Lazarevic, D. , N. Buclet and N. Brandt, "The Application of Life Cycle Thinking in the Context of European Waste Policy", *Journal of Cleaner Production*, Vol. 29 – 30, No. 5, 2012.

Liangbo, Ma and Shiguang Ma, "Trade Credit Use and Bank Loan

Access: An Agency Theory Perspective", *Accounting and Finance*, Vol. 60, No. 2, 2020.

Long, M. S., I. B. Malitz and S. A. Ravid, "Trade Credit, Quality Guarantees, and Product Marketability", *Financial Management*, Vol. 22, No. 4, 1993.

Love, I., L. A. Preve and V. Sarria-Allende, "Trade Credit and Bank Credit: Evidence from Recent Financial Crises", *Journal of Financial Economics*, Vol. 83, No. 2, 2007.

Marion, K., Erik, B. and Anthony, Y., "Trade Credit and the Monetary Transmission Mechanism", *SSRN Electronic Journal*, 2000.

Meltzer, A. H., "Mercantile Credit, Monetary Policy, and Size of Firms", *Review of Economics and Stats*, Vol. 42, No. 4, 1960.

Michael, E. S., "Sword Financing of Innovation in the Biotechnology Industry", *Financial Management*, Vol. 22, No. 2, 1993.

Myers, S. C. and N. S. Majluf, "Corporate Financing and Investment Decisions When Firms Have Information That Investors Do Not Have", *Journal of Financial Economics*, Vol. 13, No. 2, 1984.

Nihat, A., E. D. Bodt, F. Lobez and J. Statnik, "The Information Content of Trade Credit", *Journal of Banking and Finance*, Vol. 36, No. 5, 2012.

Nilsen, J. H., "Trade Credit and the Bank Lending Channel", *Journal of Money Credit & Banking*, Vol. 34, No. 1, 2002.

Paul, S. and Wilson, N., "The Determinants of Trade Credit Demand: Survey Evidence and Empirical Analysis", *Journal of Accounting, Business & Management*, No. 14, 2007.

Petersen, M. A. and Rajan, R. G., "The Effect of Credit Market Competition on Lending Relationships", *The Quarterly Journal of Economics*, Vol. 110, No. 2, 1995.

Petersen, M. A. and R. G. Rajan, "Trade Credit: Theories and Evidence", *Review of Financial Studies*, Vol. 10, No. 3, 1997.

Pike, R., N. S. Cheng and Chadwick, L., "Managing Trade Credit for Competitive Advantage: A Study of Large UK Companies", *Research Collection School of Accountancy*, 1998.

Rathnayake, D. N., and Louembe, P. A., "Research on the Problems and Countermeasures of Chinese Crowdfunding", *Gorteria*, Vol. 34, No. 4, 2021.

Rathnayake, D. N., and Sun, G., "Corporate Ownership, Governance and Performance: Evidence from Asian Countries", *Research Journal of Finance and Accounting*, Vol. 8, No. 15, 2017.

Rathnayake, D. N., Dan, J., Louembe, P. A., and Yvanna, O. N. U., "How Does Internet Finance Influence the Monetary Policy? Evidence from China", *International Journal of Economics and Financial Issues*, Vol. 11, No. 1, 2021.

Rathnayake, D. N., Kassi, D. F., Louembe, P. A., Sun, G., and Ding, N., "Does Corporate Ownership Matter for Firm Performance? Evidence from Chinese Stock Exchanges", *International Journal of Economics and Financial Issues*, Vol. 9, No. 1, 2019.

Rathnayake, D. N., Louembe, P. A., Kassi, D. F., Sun, G., and Ding, N., "Are Ipos Underpriced Or Overpriced? Evidence from an Emerging Market", *Research in International Business and Finance*, Vol. 50, 2019.

Richardson, S., "Over - Investment of Free Cash Flow", *Review of Accounting Studies*, Vol. 11, No. 2 - 3, 2006.

Schwartz, R. A., "An Economic Model of Trade Credit", *Journal of Financial and Quantitative Analysis*, Vol. 9, No. 4, 1974.

Simona, M., S. Bougheas and P. Mizen, "Trade Credit, Bank Lending and Monetary Policy Transmission", *European Economic Review*, Vol. 50, No. 3, 2005.

Smith, J. Kiholm, "Trade Credit and Informational Asymmetry", *The Journal of Finance*, Vol. 42, No. 4, 1987.

Stiglitz, J. E. and A. Weiss, "Credit Rationing in Markets with Imperfect Information", *The American Economic Review*, Vol. 71, No. 3, 1981.

Tong, T. W., W. He and Z. L. He, et al., "Patent Regime Shift and Firm Innovation: Evidence from the Second Amendment to China's Patent Law", *Academy of Management Annual Meeting Proceedings*, No. 1, 2014.

Tong, X. C., Dai, N. Z., Gong, F. B., et al., "Analysis of China Patent Application for Hydrogen Storage Materials", *Guangdong Chemical Industry*, No. 2, 2014.

Wang, G., Wang, X., Shao, X., "The Valuation of Vulnerable European Options with Risky Collateral", *European Journal of Finance*, Vol. 26, No. 9, 2020.

Wilson, N. and Summers, B., "Trade Credit Terms Offered by Small Firms: Survey Evidence and Empirical Analysis", *Journal of Business Finance & Accounting*, Vol. 29, No. 3-4, 2002.

Yul, W. L. and John, D. S., "Product Risk, Asymmetric Information, and Trade Credit", *Journal of Financial and Quantitative Analysis*, Vol. 28, No. 2, 1993.

Yuriy, G. and M. Schnitzer, "Financial Constraints and Innovation: Why Poor Countries Don't Catch Up", *Journal of the European Economic Association*, Vol. 11, No. 5, 2013.

Zhang, H., Wang, G., "Reversal Effect and Corporate Bond Pricing in China", *Pacific-Basin Finance Journal*, Vol. 70, No. 12, 2021.

Zhou, J., Raza, A., and Sui, H. G., "Infrastructure Investment and Economic Growth Quality: Empirical Analysis of China's Regional Development", *Applied Economics*, Vol. 53, No. 23, 2021.

　　Zhuang, Y. B., Chen, J. J., and Li, Z. H., "Modeling the Cooperative and Competitive Contagions in Online Social Networks", *Physica A：Statistical Mechanics & Its Applications*, No. 484, 2017.